LUC FERRY

MYTHOLOGIE & PHILOSOPHIE

CRÉDITS
LE FIGARO

PROJET DÉVELOPPÉ PAR LE FIGARO
Édité par :
La Société du Figaro
14 bd Haussmann - 75009 Paris - www.lefigaro.fr
Directeur général : Marc Feuillée

Les Éditions de l'Opportun
16 rue Dupetit-Thouars - 75003 Paris
Direction édition : Stéphane Chabenat

Dépôt légal : mars 2015
Achevé d'imprimer en février 2015 sur les presses de l'imprimerie Elcograf S.p.A., via Mondadori 15, Vérone, Italie

ISBN : 978-2-8105-0708-5 (collection)
ISBN : 978-2-8105-0709-2 (volume 1)

Direction de la collection : Anne Evrard
Direction artistique : Philippe Marchand
Responsable projet : Stéphanie de Fonscolombe
Fabrication : Marion de Chalonge
Maquette : Éditions de l'Opportun
Couverture : Olo Éditions, Marion Alfano
Responsable éditoriale : Brigitte de Zélicourt
Mastering : Art & Son
Crédit photos : Gabrielle Ferry, Éditions de l'Opportun, Rue des Archives

Organisation de conférences : Sara Yalda
Enregistrement des conférences : Théâtre des Mathurins

L'ODYSSÉE OU LE « MIRACLE GREC »

LUC FERRY
MYTHOLOGIE & PHILOSOPHIE

VOLUME 1
L'*Odyssée* ou le « miracle grec »

L'histoire d'Ulysse est celle d'un homme qui va de la vie mauvaise à la vie bonne. Cette épopée, magnifique, fournira sa matrice à la naissance de la philosophie en Grèce.

VOLUME 2
L'*Iliade* et la guerre de Troie
L'héroïsme grec

L'*Iliade* ne raconte pas la guerre de Troie, mais seulement quelques jours de la dernière année du conflit. Quel est alors le véritable sens de cette œuvre qui met avant tout en scène l'héroïsme grec ?

VOLUME 3
La Naissance des dieux et du monde
D'après la *Théogonie* d'Hésiode

Comme l'*Odyssée* d'Homère, la *Théogonie* d'Hésiode raconte une histoire qui va du chaos à l'harmonie. Zeus, en instaurant un ordre cosmique harmonieux, va permettre aux humains de trouver le sens de leur vie.

VOLUME 4
Typhon et les géants
Les puissances chaotiques contre l'harmonie cosmique

Typhon, personnage essentiel de la mythologie, figure la résurgence sans cesse possible des forces destructrices du chaos, signe que l'harmonie n'est jamais gagnée pour toujours.

VOLUME 5
Prométhée et la boîte de Pandore
La naissance de l'humanité

Les dieux s'ennuient sur l'Olympe, maintenant que Zeus a instauré un ordre cosmique harmonieux. Ils demandent donc à Prométhée et Épiméthée de créer des mortels pour se distraire...

VOLUME 6
Midas contre Apollon
La bêtise menaçant le cosmos

Dominé par son avidité et sa cupidité légendaires, Midas demande à Dionysos de lui donner le « toucher d'or », ce qui va menacer l'ordre cosmique tout entier et se retourner contre lui.

VOLUME 7
Les Amours de Zeus
La naissance d'Héraclès et ses 12 travaux

Ayant besoin d'être secondé dans sa tâche du maintien de l'ordre cosmique, Zeus décide de s'unir à la mortelle Alcmène pour concevoir Héraclès, un héros qui continuera son œuvre sur terre.

VOLUME 8
Mort et résurrection d'Héraclès
La signification du tragique grec

Héraclès a dû vaincre des résurgences des forces primitives du chaos, mais il n'en est pas moins lui-même un être déchiré. Il incarne à ce titre le héros tragique, voué au malheur et à une mort atroce.

VOLUME 9
Thésée contre le Minotaure
La quête du bonheur, une illusion ?

Thésée fait partie de ces héros qui poursuivent la tâche impartie par Zeus, maintenir l'ordre cosmique face aux forces du chaos. À la différence d'Héraclès, il parviendra pendant un temps au bonheur.

VOLUME 10
Persée et la Gorgone Méduse
La mort en face

Persée tranchant la tête de la Gorgone Méduse, voilà qui a donné lieu à une très riche iconographie. Mais peut-on regarder la mort en face sans être pétrifié ? Faut-il l'oublier ou y penser chaque jour ?

VOLUME 11
Jason et la Toison d'or
Le sens de la justice
● L'épopée des Argonautes en quête de la Toison d'or constitue, avec celle d'Ulysse, le récit d'aventures le plus fascinant de toute la mythologie, dévoilant aussi une certaine conception de la justice.

VOLUME 12
Dionysos, dieu de la fête
La folie au cœur de l'Olympe
● Dionysos, mélange de Zeus et d'une mortelle, sorti de la « cuisse de Jupiter », est un être étrange qui incarne l'altérité sous toutes ses formes. Pourquoi alors l'avoir installé au cœur de l'Olympe, lieu de l'harmonie par excellence ?

VOLUME 13
Pyrrha, Deucalion, Noé et Gilgamesh
Les mythes du déluge
● Il existe à l'origine trois grands mythes du déluge, pratiquement identiques entre eux jusque dans les détails. Mais leur même trame donne pourtant lieu à trois leçons philosophiques très différentes.

VOLUME 14
Œdipe et son complexe
● Comment expliquer que le destin n'épargne personne, bons et méchants ? Telle est la question à laquelle répond d'abord le mythe d'Œdipe.

VOLUME 15
Antigone
La Loi du cœur contre la raison d'État
● Antigone incarne pour l'éternité la révolte de l'individu contre l'ordre établi mais, pour sympathique qu'elle soit, cette révolte est toujours vouée à l'échec dans le monde grec.

VOLUME 16
Sisyphe et Asclépios
Les mythes de la mort
● Sisyphe et Asclépios, en s'attaquant à la mort, menacent de bouleverser l'ordre cosmique instauré par Zeus. L'arrogance et la démesure dont ils ont fait preuve appellent un châtiment terrible...

VOLUME 17
Orphée, Eurydice, Éros, Psyché, Déméter
Les drames de l'amour
● Ces mythes de l'amour contrarié explorent les arcanes de la souffrance des héros, mais aussi les stratégies que ces derniers tentent d'inventer face à la plus douloureuse des épreuves.

VOLUME 18
Tantale, Dédale, Lycaon, Icare, Phaéton
Les mythes de l'orgueil
● L'hybris est aux yeux des Grecs le péché par excellence : certains mythes, dont l'interprétation est particulièrement aisée, le condamnent sans détour.

VOLUME 19
Les Grands Mythes de l'amour
L'Antiquité, le Moyen Âge et nous
● Tout commence avec l'*Epopée de Gilgamesh*, l'histoire d'une contradiction insoluble entre l'amour et la mort. Et ces histoires d'amour continueront de hanter l'humanité...

VOLUME 20
Mythologie, religion et philosophie
Sagesses d'Orient et d'Occident
● Comment situer les mythes entre religion et philosophie ? Une question complexe mais, à bien des égards, la philosophie est l'héritière de la mythologie et de la religion.

SUR LE CD

L'ODYSSÉE OU LE « MIRACLE GREC »

SOMMAIRE

LIMINAIRE

*La guerre de Troie, sur laquelle nous allons revenir dans le prochain livret, a duré dix ans. Opposant Grecs et Troyens au pied des remparts de la belle ville de Troie, elle a été atroce, cruelle et sanguinaire. Les deux camps sont marqués par des personnalités humaines, mais aussi divines, de premier plan. Du côté des Grecs, on trouve notamment Athéna et Héra : comme nous allons le voir, vexées de ne pas avoir été choisies par le jeune prince troyen Pâris, l'un des fils de Priam, le roi de Troie, dans l'affaire de la pomme de discorde (que je vais vous raconter dans un instant), elles se vengeront tout au long de la guerre en prenant parti pour les Grecs. De leur côté toujours, les deux plus grands guerriers sont Achille et Ajax, le fils de Télamon, mais Ulysse, Diomède et Agamemnon, le chef des armées, vont eux aussi faire preuve d'une bravoure exceptionnelle. Pour défendre les Troyens du haut de l'Olympe, on voit évidemment Aphrodite, qui s'oppose sans cesse à Héra et Athéna pour remercier Pâris de l'avoir préférée à elles, mais aussi parce que son fils adoré, Énée, est l'un des plus braves guerriers troyens avec Hector... La guerre est marquée par une interminable querelle interne au camp grec, celle qui oppose Achille et Agamemnon, querelle qui fait l'objet principal de l'*Iliade*. Mais c'est la guerre son vrai sujet, marquée par une succession de massacres et d'atrocités inimaginables, ainsi que par des combats singuliers entre héros, notamment entre Ménélas et Pâris, Hector et Ajax, Achille et Hector... Au moment où commence le récit de l'*Odyssée* *(je rappelle au passage qu'Oduséus est tout simplement le nom grec d'Ulysse), notre héros vient de faire gagner la guerre à son camp grâce à la fameuse ruse du cheval de Troie. La ville a été pillée, dévastée, et il n'a plus qu'une idée en tête, rentrer maintenant chez lui pour retrouver son palais d'Ithaque, la petite cité dont il est le roi, sa femme Pénélope* *et son fils Télémaque... C'est donc de ce fameux voyage d'Ulysse que nous allons parler aujourd'hui, celui qu'Homère nous a conté dans l'*Odyssée *et qui va durer, comme la guerre elle-même, dix longues années. Pourquoi commencer par l'*Odyssée *? Parce que ce récit, comme on va le voir bientôt, va servir de matrice à la naissance de la philosophie. Traversé par une question centrale : « Qu'est-ce que la sagesse, qu'est-ce que la vie bonne pour les mortels ? », il va en effet ouvrir la voie à ce qu'on a appelé le « miracle grec », c'est-à-dire le passage de « Mythos » à « Logos », le passage de la mythologie à la philosophie. Mais n'anticipons pas...*

Huile sur toile attribuée à Carl Becker (1820-1900), *Homère déclamant des poèmes.*

L'HOMME AUX MILLE RUSES : LA « MÉTIS » D'ULYSSE

Et pour commencer, rappelons, pour situer un peu le personnage, qu'Ulysse, celui qu'on appelle aussi « l'homme aux mille ruses », n'a jamais voulu la guerre. Il a même tout fait pour ne pas y prendre part et c'est sous la contrainte qu'il a quitté son palais d'Ithaque. Selon une anecdote qui ne figure ni dans l'*Iliade* ni dans l'*Odyssée*, mais qu'on devait trouver dans les *Chants cypriens*, un poème aujourd'hui perdu qui racontait les origines de la guerre de Troie, on dit qu'Ulysse aurait fait semblant d'être frappé de folie pour éviter de quitter les siens. Voici comment Hygin, un grammairien et mythographe latin du Ier siècle avant J.-C., rapporte l'affaire dans son précieux recueil de fables[1] :

« Agamemnon et Ménélas, fils d'Atrée, à la tête des chefs ligués pour prendre Troie, se rendirent dans l'île d'Ithaque auprès d'Ulysse, fils de Laërte, à qui il avait été prédit que s'il allait faire le siège de Troie il reviendrait seul et démuni, au bout de vingt ans, après avoir perdu ses compagnons. Aussi, sachant que ces ambassadeurs viendraient le voir, simulant la folie, il coiffa un bonnet et attela un cheval et un bœuf à une charrue ; dès qu'il le vit, Palamède comprit qu'il simulait et, prenant Télémaque, son fils, dans les bras, il le posa devant sa charrue et dit : "Cesse de simuler et viens rejoindre la coalition !" Ulysse donna alors sa parole qu'il viendrait. De là sa haine de Palamède[2]. »

1. Plus tard, l'*Épitomé* du pseudo-Apollodore, un mythographe, lui aussi célèbre, mais dont on ignore tout de la vie, en donnera une version quelque peu différente, mais qui néanmoins évoque le même stratagème de « l'homme aux milles ruses ».

Malgré tout son désir de rester chez lui, auprès des siens, Ulysse doit bien se résoudre à tenir ses engagements envers Ménélas, le roi de Sparte, dont le jeune prince troyen, Pâris, vient d'enlever la femme, la belle Hélène, pour la ramener à Troie. Ulysse est, au sens grec du terme, « catastrophé » : il est déplacé violemment de son lieu naturel, de l'endroit qui lui appartient, mais auquel il appartient aussi, éloigné par force de ceux qui l'entourent et qui forment son monde humain. Et il n'a qu'un désir, après ces dix années de guerre terrible : rentrer chez lui dès que possible, retrouver sa place dans l'ordre du monde, dans ce « cosmos » que la guerre a bouleversé. Mais pour plusieurs raisons, son voyage de retour va être incroyablement pénible et difficile, semé d'embûches et d'épreuves quasi insurmontables – ce qui explique la longueur et la durée du périple que le héros va devoir accomplir. En outre, tout va très vite se dérouler dans une atmosphère surnaturelle, dans un monde magique et merveilleux qui n'est plus le monde humain, un univers peuplé d'êtres démoniaques ou divins, bienveillants ou maléfiques, mais qui de toute façon ne relèvent plus de la vie normale et représentent, comme tels, une menace : celle de ne jamais revenir à l'état initial, de ne jamais retrouver une existence humaine authentique.

2. Et de fait, Ulysse se vengera on ne peut plus cruellement de Palamède contre lequel il ourdira une de ces ruses dont il avait le secret. Toujours selon Hygin (fable CV), Ulysse s'arrangea pour dissimuler de l'or sous la tente de Palamède, puis il rédigea une lettre supposée être écrite par Palamède à Priam, missive où Palamède proposait de dévoiler l'emplacement du camp d'Agamemnon, le chef des armées grecques, moyennant finances. Il confia la lettre à un esclave phrygien qu'il fit aussitôt assassiner par un soldat qui, découvrant la lettre, la rapporta à Agamemnon. Convaincu que Palamède était un traître, il fit fouiller sa tente où l'on découvrit bien entendu la somme d'argent censée récompenser sa trahison, de sorte que Palamède fut mis à mort de manière atroce, torturé puis lapidé par l'armée grecque tout entière réunie pour assister au spectacle de cette exécution qui restera dans les annales comme un modèle d'injustice.

MISE EN PERSPECTIVE
LA SIGNIFICATION DU VOYAGE D'ULYSSE : DE TROIE À ITHAQUE OU DU CHAOS À L'HARMONIE

Je vais bien sûr vous raconter une à une les différentes étapes du voyage, mais je voudrais d'abord vous en indiquer la signification. Les aventures d'Ulysse sont en soi assez divertissantes pour être lues sans qu'on en comprenne le sens philosophique, et je suis sûr qu'on y prend déjà plaisir. Mais c'est vraiment dommage, on y perd beaucoup, parce que les aventures du roi d'Ithaque ne prennent leur relief véritable qu'une fois mises en perspective à partir d'une philosophie de la vie, en l'occurrence, comme nous allons le voir, d'une sagesse « cosmique », d'une nouvelle et passionnante définition de la vie bonne pour les mortels, bref, d'une « spiritualité laïque » dont Ulysse est peut-être bien le premier représentant dans l'histoire de la pensée occidentale. Si la vie bonne pour les mortels, pour ceux qui savent qu'ils vont mourir, qu'ils ne sont pas des dieux, des immortels, c'est la vie en harmonie avec l'ordre de l'univers, avec ce que les Grecs appellent le « cosmos », alors Ulysse est l'archétype du sage authentique, de celui qui sait à la fois ce qu'il veut et où il va. Voilà pourquoi, même si cela retarde un peu le moment du récit – mais nous allons y venir aussi vite que possible –, il faut que je vous indique quelques clefs de lecture, quelques fils conducteurs qui vous permettront de donner tout son relief à cette épopée et d'en percevoir ainsi toute la profondeur morale et spirituelle.

FIL CONDUCTEUR N° 1
DE LA VIE MAUVAISE À LA VIE BONNE : UN ITINÉRAIRE PHILOSOPHIQUE VERS LA SAGESSE. LA POMME DE DISCORDE ET LES AUTRES CHAOS.

Disons, là aussi, les choses simplement, mais en allant au fond, à l'essentiel : **il s'agit pour Ulysse de passer de la guerre à la paix, d'*Éris* (la discorde) à *Éros*, de la haine à l'amour, du chaos à l'harmonie, de l'exil au retour chez soi, bref, de la vie mauvaise à la vie bonne**. Tel est le sens de son voyage, en quoi il est proprement philosophique, une quête de sens et de sagesse. Nous verrons – c'est tout l'objet de ce récit fabuleux – à la fois les obstacles qui s'opposent à la réussite de cette quête (et je le dis tout de suite, ils sont essentiellement deux, l'oubli et la mort par les monstres), mais aussi les critères qui définissent son succès (et là aussi, je les nomme d'entrée de jeu, mais nous allons bien entendu approfondir : vaincre les peurs, habiter le présent en fuyant les pièges du futur comme du passé et, enfin, trouver sa juste place dans l'ordre cosmique).

Voilà pourquoi tout commence dans cette histoire par une série de fractures, une succession de désordres chaotiques qu'il va falloir affronter, réduire et apaiser. Comme dans la *Théogonie* d'Hésiode, le poème qui raconte la naissance des dieux et du monde (dont nous parlerons dans un prochain livret), on va de « Chaos » à « Cosmos », du désordre absolu à un ordre harmonieux, juste, beau et bon. L'épopée d'Homère contient ainsi une réflexion d'une profondeur abyssale sur le sens

La Pomme d'or de la discorde, huile sur toile (1633) de Jacob Jordaens.

de la vie, sur la sagesse et la vie bonne pour les mortels, et si l'on pense, comme Ulysse, qu'elle se situe dans la mise en harmonie de soi avec l'harmonie du monde, alors il n'est pas inutile de songer aux obstacles qu'on peut rencontrer sur ce chemin, pas inutile de prendre conscience des forces chaotiques qui s'opposent dans la vie réelle à la réussite, toujours incertaine, de cette quête, au sens propre, philo-sophique (de *philo*, « aimer, désirer », et *sophia*, la « sagesse »).

Or justement, ce chaos originel possède toute une pléiade de visages différents. D'abord, celui qui saute aux yeux, c'est bien évidemment la guerre elle-même, placée sous les auspices d'Éris, la déesse de la discorde et de la haine – comme en témoigne l'épisode de la « pomme de discorde » qui est à l'origine de la guerre de Troie. Homère y fait allusion, mais il ne le développe pas lui-même.

DANS L'IMAGINAIRE GREC, LA SAGESSE ÉTAIT LIÉE À L'IDÉE D'HARMONIE, AU PASSAGE DU CHAOS ET DE LA DISCORDE À L'ORDRE COSMIQUE ET À LA PAIX

Il me faut d'entrée de jeu vous en dire quelques mots pour que vous compreniez à quel point, dans l'imaginaire grec, la sagesse était liée à l'idée d'harmonie, au passage du chaos et de la discorde à l'ordre cosmique et à la paix. Comme je l'ai déjà suggéré, l'histoire de la pomme de discorde était autrefois racontée dans un poème que nous avons malheureusement perdu aujourd'hui, qui s'appelait les *Chants cypriens.* Cette histoire était sans doute bien connue dans la culture grecque – on le pressent au fait qu'Homère y fait simplement allusion en passant, comme si ses lecteurs (ou plutôt auditeurs, puisque l'*Odyssée* fut d'abord le fleuron d'une tradition orale) étaient forcément au courant. Elle était probablement aussi célèbre que l'histoire de *La Belle au bois dormant* ou du *Chat botté* dans les familles d'aujourd'hui ; elle faisait partie, comme tous les grands mythes grecs, de la culture commune et il est probable que les parents la racontaient à leurs enfants comme nous leur racontons encore des contes de fées. Les *Chants cypriens*, dont nous connaissons le contenu par des savants et mythographes plus ou moins tardifs, notamment par Proclos, expliquaient la toute première origine de la guerre de Troie. Voici comment :

Nous sommes le jour d'un mariage, décidé sur l'Olympe, mais organisé par Zeus sur le mont Pélion. L'Olympe, c'est la montagne des dieux, la montagne sur laquelle habitent les Olympiens, c'est-à-dire les douze (ou quatorze[3]) dieux principaux du panthéon grec. Zeus a organisé ce jour-là le mariage d'une divinité importante, Thétis. Comme toutes les déesses, elle est évidemment immortelle et d'une parfaite beauté. Or Thétis a choisi, ce qui n'est pas si courant chez les dieux, d'épouser un mortel, un certain Pélée. En fait, ce n'est pas vraiment son choix, elle a été contrainte par Zeus à ce mariage, nous verrons pourquoi dans un instant. Mais pour l'instant, continuons à suivre le récit. Thétis et Pélée sont surtout connus dans la mythologie grecque pour être les futurs parents d'Achille, le plus grand héros grec de la guerre de Troie. Zeus a lancé les invitations mais il a « oublié » (je mets le terme entre guillemets, car il a évidemment fait exprès de commettre cet oubli) d'inviter une divinité qu'on n'aime jamais inviter à un mariage, qui est en principe une fête joyeuse, un moment de bonheur : cette divinité, c'est Éris et, en grec, Éris, c'est la discorde, la haine.
Dans Éris, les Grecs entendaient probablement une proximité avec Éros, divinité de l'amour. Pourquoi ? Parce qu'on ne se dispute jamais aussi bien, aussi profondément et avec autant de haine qu'avec les êtres qu'on a aimés, voire avec ceux qu'on aime encore : ceux qui vous sont indifférents le sont dans la haine comme dans l'amour. En tout cas, Zeus a fait exprès, évidemment, d'oublier d'inviter Éris. Furieuse, vexée, Discorde s'invite elle-même, bien décidée à semer la zizanie dans la noce (on retrouvera un thème analogue dans *La Belle au bois dormant*, par

3. Dans la mythologie grecque, l'Olympe est le mont sur lequel se réunissent les principaux dieux, sous l'autorité de Zeus. Si l'on a toujours compté douze divinités olympiennes, la liste n'est pas figée : Zeus, Poséidon, Héra, Arès, Héphaïstos, Athéna, Apollon, Artémis et Hermès sont constamment présents ; en revanche, Hadès, Déméter, Hestia, Aphrodite et Dionysos y figurent tour à tour.

Benjamin West, *Hélène rencontre Pâris*, 1776.

exemple, où la méchante sorcière n'est pas invitée, puis, vexée par cet oubli volontaire, s'invite elle-même pour se venger). Que fait-elle ? Elle jette sur la table autour de laquelle les jeunes gens sont en train de faire la noce et de banqueter une sublime pomme en or. Cette pomme vient d'un jardin magique, le jardin des Hespérides, gardé par le Titan Atlas, le frère de Prométhée et d'Épiméthée. Elle est magnifique, une sorte de bijou rayonnant de beauté. Sur la table, elle semble éclairée de l'intérieur et chacun peut lire l'inscription qui y figure : « Pour la plus belle. » Du coup, toutes les femmes se précipitent pour mettre la main sur la pomme et s'écrier d'une même voix : « C'est donc pour moi, c'est moi la plus belle ! » et elles commencent à se disputer. Éris

est ravie, elle a gagné son pari : la discorde s'installe au cœur de la noce. Finalement, trois femmes sublimes restent en lice. Trois déesses, trois divinités ravissantes, toutes les trois infiniment chères au cœur de Zeus. Il y a d'abord sa femme, Héra (en latin, Junon). Puis sa fille préférée, Athéna (en latin, Minerve). Enfin sa tante, Aphrodite (en latin, Vénus), la fille de l'*aphros*, de l'écume, la déesse de la beauté et de l'amour. Elles se tournent vers leur chef, vers Zeus, pour lui demander de trancher, de décider à qui revient la pomme, qui est la plus belle. Zeus, bien qu'immortel, se dit : « *Si je dois choisir entre ma femme, ma fille et ma tante, je suis perdu !* » Il convoque alors son fidèle messager, Hermès, et l'enjoint d'emmener les trois déesses sur un mont voisin, le mont Ida, pour y trouver un ingénu qui prendra en toute innocence la décision à sa place. Aussitôt dit aussitôt fait ! Hermès emmène ces dames et trouve un petit berger, un tout jeune homme, très ravissant d'ailleurs, et il lui dit :
« *Tu vas nous rendre un service. Tu vas me dire à laquelle de ces trois femmes la pomme de discorde, la pomme d'Éris, doit revenir, laquelle des trois est la plus belle.* »
Ce petit berger se retrouve alors face aux trois déesses. Chacune d'entre elles va, si je puis dire, lui offrir ce qu'elle a de plus magnifique en magasin pour essayer d'obtenir la pomme. Héra, l'impératrice, lui promet un empire s'il la choisit. Elle offre ce qu'elle a à offrir : elle est la femme de Zeus, de l'empereur, elle offre donc un empire. Minerve, Athéna, étant la déesse de l'intelligence et de la guerre, dit au petit jeune homme : « *Si tu me choisis, si tu me donnes la pomme, je te permettrai de gagner toutes les guerres.* » Arrive alors Aphrodite, déesse de la beauté et de l'amour, qui lui déclare, très sûre d'elle : « *Mais si tu me choisis moi, si tu me donnes la pomme, je te permettrai de mettre dans ton lit la femme la plus belle du monde.* » Bien évidemment, comme vous et moi, le petit berger choisit Aphrodite…

Qu'allons-nous apprendre dans la suite de l'histoire (c'est, comme je vous l'ai dit, le début de la guerre de Troie) ? Nous allons découvrir que ce petit berger n'est en vérité pas du tout un berger comme les autres : il s'appelle en réalité Pâris, et il est le frère d'Hector et de Cassandre, donc, comme je vous l'ai dit, un des fils de Priam, le roi de la ville de Troie. Priam l'a abandonné quelques années plus tôt, parce qu'un oracle avait prédit que son jeune fils conduirait la ville à sa perte (ce qui, bien entendu, va s'avérer). Qui donc est la femme la plus belle du monde ? Bien évidemment, c'est la belle Hélène, et la belle Hélène est, hélas pour Troie, une reine grecque. Elle est même mariée à Ménélas, le roi de Sparte. Sparte, c'est la ville des guerriers : les « *spartoi* », les spartiates, ce qui signifie, en grec, les « semés » ; selon une autre légende, ils ont, en effet, été semés à partir des dents d'un terrible dragon et ils naissent de la terre tout armés, voués d'emblée, dès leur naissance, à la guerre et à la violence. Mais, pour nous en tenir à l'essentiel : c'est donc parce qu'un jeune homme, en vérité un prince troyen, va séduire la femme la plus belle du monde, une reine grecque – la belle Hélène, la femme de Ménélas – que la guerre entre les Grecs et les Troyens va se déclencher.

Tout commence donc avec ce premier chaos. Il est suivi par un deuxième chaos, le chaos de la guerre elle-même, qui va, comme je vous l'ai dit, durer dix ans. Elle se termine par un troisième chaos (toute cette histoire, comme celle du monde et des dieux selon la *Théogonie* d'Hésiode, commence donc par une incroyable succession de chaos !) : celui au cours duquel Ulysse va faire gagner la guerre aux Grecs. C'est sans doute l'épisode le plus connu de l'*Odyssée* (même s'il n'y est évoqué qu'en quelques lignes, car c'est dans l'*Énéide* de Virgile qu'on en trouve, donc beaucoup plus tard, une version vraiment développée) : Ulysse fait entrer dans la ville de Troie, dans la ville de Priam, de Pâris et d'Hector

qu'Achille, avec l'aide d'Athéna, vient de tuer dans un combat singulier, un cheval dont les flancs sont tout emplis de soldats grecs qui, la nuit, vont sauter hors de la statue et massacrer les Troyens.
Le troisième chaos, c'est ce massacre par lequel la guerre prend fin. Il est tellement abominable que même les dieux qui ont soutenu les Grecs en sont horrifiés. Disons-le franchement : le pillage de Troie va trop loin, beaucoup trop loin. Il est totalement démesuré – marqué au sceau de ce que les Grecs appellent l'« hybris », la démesure la plus démentielle. Les soldats, qui ont perdu dix années de leur vie dans des conditions si effroyables qu'ils ne s'en remettront certainement jamais, sont devenus pires que des bêtes sauvages. Lorsqu'ils entrent dans la ville assiégée, ils prennent plaisir à massacrer, à torturer, violer, casser tout ce qui est beau et même sacré. On voit des soldats qui attrapent des enfants par les pieds et qui leur fracassent la tête contre les murs. Ajax, pourtant l'un des plus valeureux guerriers grecs, va jusqu'à violer Cassandre, la fille du roi Priam, la sœur de Pâris, dans un temple

LE PILLAGE DE TROIE VA TROP LOIN, BEAUCOUP TROP LOIN. IL EST TOTALEMENT DÉMESURÉ – MARQUÉ AU SCEAU DE CE QUE LES GRECS APPELLENT L'« HYBRIS », LA DÉMESURE LA PLUS DÉMENTIELLE

dédié à Athéna. La déesse n'apprécie pas – d'autant que Cassandre est une gentille femme. Elle est, il est vrai, affublée d'une malédiction funeste, qui lui vient d'Apollon. Le dieu de la médecine et de la musique, l'archer incomparable, est tombé amoureux d'elle et, pour gagner ses faveurs, lui fait un don merveilleux : celui de prévoir l'avenir. Cassandre

accepte, mais, au dernier moment, refuse de céder aux avances du dieu… qui, pour se venger, lui jette un sort funeste : elle pourra toujours prévoir correctement l'avenir – ce qui est donné est donné et ne se reprend pas –, mais personne ne la croira jamais ! C'est ainsi que Cassandre supplie son père de ne pas laisser entrer le cheval de Troie dans sa ville : en vain, on ne l'écoute pas…
Ce n'est tout de même pas une raison pour la violer, qui plus est dans un temple d'Athéna ! Et tout le comportement des Achéens (les Grecs ont plusieurs noms, Argiens, Danéens, Achéens) est à cette aune, de sorte que les Olympiens, même ceux qui ont soutenu les Grecs contre les Troyens, comme Athéna justement, sont écœurés par ce nouveau chaos qui s'ajoute très inutilement à celui que constitue déjà en elle-même la guerre : la grandeur se mesure à la capacité de se montrer digne et magnanime non seulement dans l'épreuve, mais aussi dans la victoire – et, en l'occurrence, les Grecs se comportent de façon fort médiocre. Pour dire les choses simplement, ils se conduisent comme des porcs. Face à un tel déferlement d'*hybris*, Zeus doit sévir : il va déclencher des tempêtes sur les navires grecs, lorsque, le pillage de Troie enfin achevé, ils vont vouloir rentrer chez eux. Pour faire bonne mesure et leur donner à réfléchir, il va en outre semer la discorde – où l'on retrouve à nouveau la figure d'Éris, entre les chefs grecs. La zizanie s'installe entre les deux plus grands rois, entre les deux frères, Agamemnon, qui a dirigé les armées pendant tout le conflit, et Ménélas, ce roi de Sparte, le mari trompé par la belle Hélène amoureuse de Pâris, mais aussi entre Ulysse et Ménélas, qui se séparent violemment alors qu'ils étaient partis ensemble sur le même bateau… Voilà qui nous fait déjà pas moins de cinq espèces différentes de chaos, qui s'accumulent et s'ajoutent les unes aux autres : la pomme de discorde, la guerre, le pillage, la tempête et les brouilles entre généraux – les deux derniers

expliquant déjà pour une part les premières difficultés qu'éprouve Ulysse pour rentrer chez lui.
Mais en ce qui le concerne directement, il y a bien pire encore : comme on va le voir dans quelques instants, il s'est attiré, au cours de son voyage, la haine inextinguible de Poséidon en crevant l'œil d'un de ses fils, un Cyclope nommé Polyphème. Ulysse ne pouvait guère faire autrement : le Cyclope, un monstre épouvantable affublé d'un œil unique au milieu du front, passait son temps à dévorer ses compagnons. Il fallait bien l'aveugler pour prendre la fuite. Mais Poséidon doit, lui aussi, défendre ses enfants, même s'ils sont mauvais, et il n'accordera jamais son pardon à Ulysse : chaque fois qu'il en aura l'occasion, il fera tout ce qui est en son pouvoir pour lui pourrir la vie et l'empêcher de rentrer à Ithaque. Or ses pouvoirs sont grands, très grands, et les ennuis d'Ulysse vont être à leur mesure…
Enfin, dernière forme de chaos qu'Homère évoque dès le début de cette histoire et qu'Ulysse devra affronter en sa toute fin, et qui n'est pas le moindre : les jeunes hommes de sa chère patrie, Ithaque, ont semé en son absence un désordre inimaginable dans son palais. Persuadés qu'Ulysse est mort depuis longtemps, ils ont décidé de prendre sa place, non seulement à la tête d'Ithaque, mais aussi auprès de sa femme – qui tente désespérément de rester fidèle à son mari. On les appelle les « prétendants » parce que, en effet, ils prétendent tout à la fois au trône d'Ithaque et à la main de Pénélope. Un peu comme les Grecs à Troie, ils se conduisent eux aussi comme des pourceaux : chaque soir, ils viennent faire la fête chez la reine, à son grand désespoir et à celui de son fils, Télémaque, qui est encore trop jeune pour les chasser, mais qui vit dans la colère et l'indignation du soir au matin. Les prétendants boivent et mangent tout ce qu'ils trouvent et tout ce qu'ils peuvent, sans retenue, comme si les biens du roi d'Ithaque leur appartenaient. Ils épuisent peu à peu toutes

les richesses accumulées par Ulysse pour les siens. Quand ils sont saouls, ils chantent, dansent comme des diables et couchent avec les servantes. Ils font même des avances incorrectes à Pénélope, bref, ils se vautrent à leur tour dans l'*hybris* et la maison d'Ulysse, ce que les Grecs nomment son « *Oikos* » (d'où viendra, par exemple, le mot « écologie »), son lieu naturel, est passée elle aussi de l'ordre au chaos – ce qui nous fait, si je compte bien, au moins déjà six chaos différents.

LA PREMIÈRE FINALITÉ DE SON VOYAGE CONSISTE DONC, POUR ULYSSE, À PARVENIR À ITHAQUE POUR REMETTRE SON MONDE EN PLACE, POUR REFAIRE DE SON OIKOS, DE SA MAISON, UN COSMOS, UN ORDRE HARMONIEUX, NON CHAOTIQUE – CE EN QUOI NOTRE HÉROS EST BEL ET BIEN « DIVIN »

Quand Ulysse y régnait, sa maison était comme un petit « cosmos », un microcosme, si l'on veut, un petit monde harmonieux, à l'image de celui que Zeus a instauré à l'échelle de l'univers. Et voilà que, depuis son départ, tout est chamboulé. Si l'on poursuit l'analogie, on peut dire que les prétendants se comportent au sein de la cité comme les forces initiales du chaos que nous retrouverons à l'origine du monde lorsque nous parlerons de la naissance des dieux, de la *Théogonie* d'Hésiode. La première finalité de son voyage consiste donc, pour Ulysse, à parvenir à Ithaque pour remettre son monde en place, pour refaire de son *Oikos*, de sa maison, un cosmos, un ordre harmonieux, non chaotique – ce en quoi notre héros est bel et bien « divin ». D'ailleurs, on dit souvent, pour parler de lui, le « divin Ulysse ». Zeus lui-même affirme au début du poème d'Homère qu'il est « le plus sage de tous les humains », puisqu'il a pour destin essentiel de se comporter sur cette terre comme le maître des dieux au niveau du Grand Tout. Bien que mortel, il est un petit Zeus, comme Ithaque est un petit monde, et tout le but de son si pénible périple, sinon de sa vie entière, est de faire régner lui aussi, par la ruse et par la force s'il le faut, la justice, c'est-à-dire l'harmonie. Zeus ne restera pas insensible à ce projet qui lui rappelle le sien. Quand il le faudra, il aidera Ulysse dans son retour vers l'ultime et terrible combat contre ces porteurs de chaos et de dysharmonie que sont ces prétendants tout pleins d'hybris....

FIL CONDUCTEUR N° 2
LES QUATRE ÉCUEILS SUR LE CHEMIN DE LA VIE BONNE : ÊTRE VAINCU PAR UN ÊTRE SURNATUREL (UN REPRÉSENTANT DES FORCES DU CHAOS), NE PLUS ÊTRE HOMME (LA TENTATION DE L'IMMORTALITÉ), NE PLUS ÊTRE DANS LE MONDE RÉEL (S'ARRÊTER EN CHEMIN), CÉDER À L'OUBLI...

On sait maintenant d'où vient Ulysse et où il va : du chaos vers le cosmos, du désordre vers l'harmonie. C'est un itinéraire de sagesse, un chemin pénible, tortueux, plein d'embûches mais dont le but à tout le moins est clair : il s'agit de parvenir à la vie bonne tout en acceptant la condition de mortel qui est celle de tout être humain. Ulysse veut non seulement retrouver les siens mais re-

Mercure ordonnant à Calypso de laisser partir Ulysse, peinture de Gérard de Lairesse (1640-1711).

mettre sa cité en ordre, car c'est seulement au milieu des autres qu'un homme est homme. Isolé et déraciné, séparé de son monde, il n'est plus rien. Voilà d'ailleurs ce qu'Ulysse dit clairement lorsqu'il s'adresse au bon roi des Phéaciens, le sage Alcinoos (nous verrons tout à l'heure à quelle occasion) dont il admire le gouvernement harmonieux et la paix qu'il fait régner dans son île :

« Le plus cher objet de mes vœux, je te le jure, est cette vie de tout un peuple en bon accord, lorsque dans les manoirs on voit en longues files les convives siéger pour écouter l'aède (la coutume voulait qu'un aède, un conteur accompagné d'un instrument de musique, chantât des histoires en s'accompagnant d'une cithare, coutume qui se retrouvera au temps des châteaux avec nos troubadours)**, quand aux tables, le pain et les viandes abondent et qu'allant au cratère** (le récipient où l'on mettait le vin pur avant de le mélanger avec de l'eau)**, l'échanson vient offrir et verser dans les coupes. Voilà, selon moi, la plus belle des vies… Rien n'est plus doux que patrie et parents ; dans l'exil, à quoi bon la plus riche demeure, parmi des étrangers et loin des siens ? »** (*Odyssée*, chant IX.)

La vie bonne, c'est la vie avec les siens, dans sa patrie, mais cette définition ne doit pas être entendue en un sens moderne, platement « patriotique » ou « nationaliste ». Ce n'est pas le fameux « travail, famille, patrie » qu'Ulysse aurait, comme par avance, à l'esprit. Car ce qui sous-tend sa vision du monde relève de la cosmologie, non de l'idéologie politique : l'existence réussie, pour un mortel, c'est l'existence ajustée à l'ordre cosmique dont la famille et la cité ne sont que les éléments les plus manifestes. Dans la mise en harmonie de sa vie avec l'ordre du monde, il y a une infinité d'aspects personnels, qu'Ulysse va presque tous explorer : il faut, par exemple, prendre le temps de connaître les autres, parfois de les combattre, parfois de les aimer, de se civiliser soi-même, de découvrir des cultures différentes, des paysages infiniment divers, de connaître les tréfonds du cœur humain dans leurs aspects les moins évidents, de mesurer ses propres limites dans l'épreuve : bref, on ne devient pas un être d'harmonie sans passer par une myriades d'expériences qui vont, dans le cas d'Ulysse, occuper un laps de temps considérable dans sa vie. Mais au-delà de sa dimension presque initiatique sur le plan humain, par-delà même ses aspects cosmologiques, cette conception de la vie bonne possède aussi une dimension proprement métaphysique. Elle entretient un lien d'une très grande profondeur avec une certaine représentation de la mort.

Pour les Grecs, ce qui caractérise la mort, c'est la perte d'identité. Les disparus sont d'abord et avant tout des « sans-nom », voire des « sans-visage ». Tous ceux qui quittent la vie deviennent des « anonymes », ils perdent leur individualité, ils cessent d'être des personnes.

POUR LES GRECS, CE QUI CARACTÉRISE LA MORT, C'EST LA PERTE D'IDENTITÉ

Lorsque Ulysse, au cours de son voyage (nous verrons plus loin aussi dans quelles circonstances), est obligé de descendre aux enfers où séjournent ceux qui n'ont plus de vie, il est saisi par une sourde et terrible angoisse. Il contemple avec horreur tout ce peuple qui séjourne dans l'Hadès. Ce qui l'inquiète par-dessus tout, c'est la massification, le caractère *indistinct* de ces ombres que plus rien ne permet d'identifier – ***une indétermination qui rappelle le chaos initial***. Ce qui le terrifie, c'est le bruit qu'elles font : un bruit confus, un brouhaha, une espèce

de rumeur sourde au sein de laquelle il n'est plus possible de reconnaître une voix, encore moins de distinguer un mot qui aurait un sens. C'est cette dépersonnalisation qui caractérise la mort aux yeux des Grecs, et la vie bonne doit être, autant qu'il est possible et le plus longtemps que l'on pourra, le contraire absolu de cette grisaille infernale.
Or l'identité de la personne passe par ***trois points cruciaux : l'appartenance à une communauté harmonieuse*** – un cosmos. Encore une fois, l'homme n'est vraiment homme que parmi les hommes et, dans l'exil, il n'est plus rien – ce pourquoi le bannissement de la cité est aux yeux des Grecs, à l'égal d'une condamnation à mort, le châtiment suprême qu'on inflige aux criminels. ***Mais il est une deuxième condition : la mémoire***, les souvenirs, sans lesquels on ne sait plus qui l'on est. Il faut savoir d'où l'on vient pour savoir qui l'on est et où l'on doit aller : l'oubli est, à cet égard, la pire forme de dépersonnalisation qu'on puisse connaître dans la vie. C'est une petite mort au sein de l'existence et l'amnésique est l'être le plus malheureux de la terre. ***Enfin, il faut accepter la condition humaine, c'est-à-dire, malgré tout, la finitude*** : un mortel qui n'accepte pas la mort vit dans l'hybris, dans une démesure, une forme d'orgueil qui confine à la folie. Il se prend pour ce qu'il n'est pas, un dieu, un immortel, comme le fou se prend pour César ou Napoléon...
Ulysse va accepter – nous verrons aussi dans quelles circonstances – sa condition de mortel. Il va refuser l'immortalité que lui offrira la jolie nymphe, Calypso. Il garde tout en mémoire et n'a qu'une idée fixe : retrouver sa place dans le monde et remettre sa maison en ordre. En cela, il est un modèle, un archétype de la sagesse des Anciens.
Mais c'est aussi dans cette perspective qu'il faut interpréter les obstacles, les terribles embûches qu'il va rencontrer sur sa route. Il ne s'agit pas seulement, comme dans un roman policier ou un western, de défis destinés à mettre en évidence et en valeur le courage, la force ou

l'intelligence du héros. Il s'agit d'épreuves infiniment plus profondes, dotées d'un sens tout à la fois fort et précis. Si le destin d'Ulysse, comme le dit explicitement Zeus au tout début du poème, est de rentrer chez lui, de remettre en ordre sa cité afin d'y retrouver sa juste place auprès des siens, les obstacles que Poséidon va lui opposer ne sont pas

POUR PARVENIR À DÉTOURNER ULYSSE DE SON DESTIN, IL N'EST GUÈRE QUE DEUX MOYENS, SI DU MOINS ON RENONCE D'ENTRÉE DE JEU À LE TUER : L'OUBLI ET LA TENTATION DE L'IMMORTALITÉ. L'UN COMME L'AUTRE EMPÊCHENT LES HOMMES D'ÊTRE DES HOMMES

choisis au hasard. Il s'agit bel et bien de le détourner de son chemin et de son destin, de lui faire perdre le sens de son existence et de l'empêcher de parvenir à une vie bonne. Les embûches dont est parsemé son itinéraire sont tout aussi philosophiques que la visée du voyage. Car pour parvenir à détourner Ulysse de son destin, il n'est guère que deux moyens, si du moins on renonce d'entrée de jeu à le tuer : l'oubli et la tentation de l'immortalité. L'un comme l'autre empêchent les hommes d'être des hommes. Si Ulysse oublie qui il est, il oubliera aussi où il va, et il ne parviendra jamais à la vie bonne. Mais aussi bien, s'il acceptait l'offre de Calypso, s'il cédait à la tentation d'être immortel, il cesserait tout autant d'être un homme. Pas seulement parce que, de fait, il deviendrait un dieu, mais aussi parce que la condition de cette « apothéose », de cette transformation en divinité, serait l'exil : il lui faudrait renoncer pour toujours à vivre avec les siens, à sa place, de sorte que c'est son identité même qu'il perdrait.

Paradoxe qui anime tout le parcours du héros et donne son sens à l'ensemble de l'épopée : c'est en acceptant l'immortalité qu'Ulysse deviendrait semblable à un mort ! À la limite, il ne serait plus Ulysse, le mari de Pénélope, le roi d'Ithaque, le fils de Laërte… Il serait un exilé anonyme, un sans-nom, voué pour l'éternité à ne plus être lui-même – ce qui fournit, aux yeux d'un Grec, une bonne définition de l'enfer. Conclusion : l'immortalité est pour les dieux, pas pour les humains. Pour eux, c'est un piège, et à l'encontre de ce qu'enseigneront les grandes religions, ce n'est pas elle qu'il faut désespérément rechercher en cette vie.
Voilà aussi pourquoi ce qui menace Ulysse, tout au long de son périple, c'est de perdre les deux éléments constitutifs d'une vie réussie : l'appartenance au monde et celle à l'humanité, au cosmos et à la finitude. Sans cesse, Ulysse sera menacé par l'oubli : chez les Lotophages, dont la nourriture fait perdre la mémoire, en passant près des Sirènes, dont le chant vous fait perdre la tête, en risquant d'être transformé en porc par la magicienne Circé, en cédant à l'amour de Calypso, dont Homère nous dit explicitement, dès le chant I, qu'elle « *veut lui verser l'oubli de son Ithaque* » alors que lui « *ne voudrait que voir monter un jour les fumées de sa terre…* ». C'est encore sous la forme de sommeils funestes que l'oubli menacera Ulysse, ces pertes de conscience lui faisant commettre de terribles erreurs auprès du dieu des vents, Éole, ou du soleil, Hélios. L'oubli sous toutes ses formes, c'est la tentation d'abandonner son projet de retour, ce qui le conduirait à renoncer à trouver sa juste place dans le cosmos. Mais l'autre menace n'est pas moindre : céder au désir d'immortalité rendrait, comme on vient de le voir, Ulysse inhumain.
Voilà aussi pourquoi il est absurde de vouloir à tout prix chercher à localiser sur une carte de géographie les étapes de son voyage. On n'y est jamais parvenu et ce pour une raison de fond qui aurait pu épargner bien de la peine à ceux qui s'imaginent qu'il s'agit d'un itinéraire

dans la réalité. Le monde dans lequel évolue Ulysse n'est pas le monde réel. Bien entendu, l'auteur de l'*Odyssée*, quel qu'il soit – on ne sait pas au juste qui est Homère, si c'est bien lui qui a écrit cette œuvre, s'il n'y a pas eu même plusieurs auteurs, mais peu importe ici –, a mélangé le réel et l'imaginaire de sorte que certaines indications correspondent à des lieux bien réels. On peut parfois identifier telle île, telle ville, telle montagne, etc. Mais le sens profond de ce monde où évolue le héros n'a rien à voir avec la géographie. C'est un monde imaginaire, au sens propre méta-physique, surnaturel, peuplé d'êtres qui ne sont ni tout

ULYSSE EST, POUR UN TEMPS, CELUI DE SON VOYAGE JUSTEMENT, SORTI DU COSMOS. IL EST ENTRE DEUX EAUX, ET C'EST PAR CHOIX, AVEC TOUT LE COURAGE, LA RUSE ET LA FORCE DONT IL EST CAPABLE, QU'IL VA LUI FALLOIR D'UN MÊME MOUVEMENT REDEVENIR VÉRITABLEMENT UN HOMME ET RENOUER LE CONTACT AVEC LE MONDE RÉEL

à fait des hommes ni tout à fait des dieux : comme on va le voir, les Phéaciens, les Cyclopes, Calypso, Circé, les Lotophages, tous ces gens sont bizarres, étrangers au monde – en allemand, on dirait « *Weltfremd* » –, hors nature. Le projet de situer le voyage d'Ulysse sur une carte n'a donc guère d'intérêt : il passe totalement à côté de l'essentiel, à savoir qu'Ulysse est, pour un temps, celui de son voyage justement, sorti du cosmos. Il est entre deux eaux, et c'est par choix, avec tout le courage, la ruse et la force dont il est capable, qu'il va lui falloir d'un même mouvement redevenir véritablement un homme et renouer le contact avec le monde réel. C'est de cela qu'il s'agit, pas de navigation ni du guide Michelin…

Tête d'Ulysse, détail d'un groupe de sculptures représentant Ulysse aveuglant Polyphème. Marbre, œuvre grecque du Ier siècle.

Ulysse finira par surmonter tous les obstacles et Tirésias, le devin qu'il va croiser dans les enfers, le lui annoncera, mais sous une forme mitigée : oui, il rentrera bien chez lui et il mourra très vieux, contrairement à Achille, mais il reviendra seul, en ayant perdu tous ses compagnons et au prix de terribles épreuves… Bref, il va retrouver le monde humain, la finitude et les vrais gens d'un côté, Ithaque et la réalité d'un coin de cosmos où il faut remettre un peu d'ordre de l'autre. En somme, la vraie vie, la vie bonne pour les mortels tout au moins… Voyons maintenant comment, et à quel prix, en détaillant les différentes étapes de son périple, étapes où nous allons voir sans cesse alterner la double menace qui pèse en permanence sur Ulysse : celle des monstres, celle de l'oubli.
La guerre est donc enfin terminée. On aperçoit Ulysse à l'avant de son bateau qui navigue entre des îles. Il regarde au loin, vers l'horizon. Sur la « nef rapide », comme on le dit dans la langue d'Homère, une cinquantaine de marins, ses compagnons d'armes. Ulysse se retourne vers eux : *« Allons mes amis, rentrons chez nous, allons retrouver nos enfants, nos pères, nos mères et nous endormir enfin dans les bras de nos femmes ! L'exil, la haine et les souffrances les plus atroces que nous avons endurées n'ont qu'un temps. S'il plaît aux dieux, celui du retour à la vie bonne est venu ! Voguons enfin vers elle… »*

1 • CHEZ LES CICONES

On s'approche d'une île, Ulysse propose de s'y arrêter pour faire eau et reprendre des vivres mais, à nouveau, il est inquiet, il ne sait pas ce qui l'attend sur cette île : des amis ou des ennemis ? Il a l'air tendu, et il n'a pas tort de l'être… car c'est bien en contrée hostile, au pays des Cicones, qu'il vient d'aborder, un peuple de guerriers qui a combattu les Grecs aux côtés des Troyens, de sorte qu'avec eux toute entente est impossible. Cet épisode est en quelque sorte un simple appendice de la guerre, à la fois un rappel de ce qu'elle a été et une manière d'y mettre terme. Ulysse et ses amis échouent leur bateau sur une plage et, doucement, ils montent vers la ville, puis ils l'attaquent par surprise et la pillent – comme ils ont pillé Troie : ils tuent et massacrent à tour de bras leurs anciens ennemis, n'épargnant pratiquement qu'un seul homme, avec sa famille : un certain Maron, un prêtre d'Apollon. En guise de remerciement, Maron offre à Ulysse plusieurs outres d'un vin délicieux, tout à fait hors du commun, à la fois doux et fort, qui va plus tard s'avérer bien utile pour endormir le Cyclope Polyphème qu'Ulysse et ses compagnons vont bientôt devoir

ULYSSE VA SORTIR DU MONDE RÉEL ET ENTRER DANS CELUI DE L'IMAGINAIRE OU, POUR MIEUX DIRE, DE LA MÉTAPHYSIQUE

affronter… Mais n'anticipons pas. Pour l'instant, Ulysse et ses soldats font la fête sur la plage. C'est le repos des guerriers, mais ce n'est guère prudent. Les quelques Cicones qui ont échappé à la mort vont chercher de l'aide, à l'intérieur du pays et, en pleine nuit, ils reviennent et fondent comme des aigles sur les Grecs. Ils en massacrent à leur tour une bonne quantité. Les survivants prennent la fuite aussi vite qu'ils le peuvent. Ils remontent sur leurs bateaux et s'empressent de quitter le pays des Cicones qui, décidément, hors le vin de Maron, ne leur vaut rien de bon… Nous sommes toujours dans l'époque des conflits et des chaos. Cet épisode appartient encore au cycle guerrier, il n'est qu'une dernière conséquence de la guerre de Troie.
D'ailleurs, jusque-là, tout est encore normal, pas surnaturel ou magique : nous avons affaire à une vraie ville, à un vrai pays, celui des

Cicones, à de vrais bateaux, à des êtres humains, hostiles certes, mais néanmoins « mangeurs de pain » au même titre qu'Ulysse et ses amis... Il y a du chaos partout, c'est vrai, mais rien encore de l'ordre du fantastique. Comme Vernant y insiste à juste titre dans son petit livre (*L'Univers, les dieux, les hommes*, Seuil, 1999), avec la prochaine étape, Ulysse va sortir du monde réel et entrer dans celui de l'imaginaire ou, pour mieux dire, de la métaphysique. Il va y affronter des obstacles qui ne sont plus tout à fait humains, ni naturels, mais hors monde : leur sens ne se laissera plus cerner en termes de géographie, ni de stratégie politique ou militaire, mais de mythologie et de philosophie... Ulysse et ses compagnons reprennent donc la mer, comme le dit Homère, « *l'âme navrée et pleurant leurs amis, mais soulagés malgré tout d'avoir échappé à la mort...* ». Toujours pour les mêmes raisons, Zeus est en colère : les Grecs ajoutent un pillage à l'autre, un chaos à l'autre, ils continuent de pécher par hybris, par démesure, et il faut que cela cesse. Donc Zeus déclenche à nouveau une terrifiante tempête. Les voiles des navires explosent sous la force du vent. Les flots sont déchaînés, les vagues gigantesques. Il faut continuer à la rame (les bateaux de cette époque utilisaient les deux moyens de propulsion). Jour et nuit, Ulysse et ses hommes souquent de toutes leurs forces..., jusqu'à ce qu'ils abordent à nouveau une étendue de terre ferme. Là, accablés de fatigue, il restent deux jours et deux nuits sur le sable, sans pouvoir faire autre chose que dormir et tâcher tant bien que mal de récupérer. Puis, le troisième jour, ils reprennent leur route, mais les vagues, les courants et le vent qui s'est relevé les égarent. Ils n'ont plus la moindre idée de l'endroit où ils sont. Ils sont totalement perdus, sans aucun moyen de s'orienter, et pour cause : Zeus vient de les conduire dans des parages qui sortent du monde réel. L'île sur laquelle, au bout de dix jours, ils finissent, exténués, par aborder n'a rien de normal...

2 • CHEZ LES LOTOPHAGES

Il s'agit d'une terre dont les habitants sont en effet de bien étranges personnes. Ils sont très gentils, très hospitaliers, mais ils ne mangent pas du pain, ni de la viande, comme les humains normaux, ce qui est un signe dont les marins d'Ulysse auraient dû se méfier : ils ne se nourrissent que d'une seule et unique plante, une fleur : le lotos. On les nomme pour cette raison les « Lotophages », ce qui, en grec, veut tout simplement dire les « mangeurs de lotos ». Ne cherchez pas dans un dictionnaire pour voir de quel végétal il s'agit : vous ne le trouverez pas. C'est un fruit ou une fleur imaginaire, merveilleuse, une espèce de datte qui possède, elle aussi, une particularité très remarquable : celui qui en goûte perd aussitôt la mémoire. Totalement. Il devient parfaitement amnésique, ne se souvient rigoureusement plus de rien. Ni d'où il vient, ni de ce qu'il fait là, encore moins de l'endroit où il va. Il est heureux comme ça, et voilà tout. Cela lui suffit. D'ailleurs, ceux qui en ont goûté affichent un air de « ravis de la crèche » sympathique au départ, mais qui devient vite inquiétant. Bien entendu, le contraste est total entre cette fleur, qui est aussi jolie que délicieuse, et la menace terrible qu'elle représente pour Ulysse. Si jamais il a le malheur d'en absorber ne fût-ce qu'une bouchée, c'est tout son destin qui bascule : il ne voudra plus rentrer chez lui, il n'en aura même plus l'idée, et c'est ainsi jusqu'à la possibilité d'une vie bonne qui lui glissera entre les mains. D'ailleurs, il voit avec consternation que trois de ses compagnons ont déjà tenté l'expérience, et le résultat est calamiteux. Ils sont quasiment irrécupérables. En permanence, ils sourient d'un air niais, comme de grands nigauds. Tout heureux de vivre enfin au présent, ils ne veulent plus entendre parler de rentrer chez eux. Comme le dit joliment Ulysse, quand il fait lui-même le récit de cet épisode :

« Sitôt que l'un d'eux goûte à ces fruits de miel, il ne veut plus rentrer ni donner des nouvelles ; tous voudraient se fixer chez ces mangeurs de dattes et, gorgés de ces fruits, remettre à tout jamais la date du retour... Je dus les ramener de force, tout en pleurs, et les mettre aux fers, allongés sous les bancs, au fond de leurs vaisseaux. Puis je fis rembarquer mes gens restés fidèles, pas de retard ! À bord et vogue les navires ! J'avais peur qu'à manger de ces dattes les autres n'oubliassent aussi la date du retour ! » (Chant IX.)
Ces Lotophages sont, certes, des gens charmants, doux comme leur fruit délicieux, mais Ulysse, lui, sait très bien qu'il vient d'en réchapper de justesse et que la pire des menaces n'est pas forcément celle qu'on croit : l'oubli du but de son voyage, c'est-à-dire du sens de sa vie, peut avoir un visage aimable et la douceur du miel.

Comme l'écrit Jean-Pierre Vernant, que je cite ici volontiers pour rendre hommage à cet incomparable pionnier en matière d'interprétation des grands mythes grecs :

« Première étape, donc, une terre qui est le pays de l'oubli. Au cours du long périple qui va suivre, à chaque moment, l'oubli, l'effacement du souvenir de la patrie et du désir d'y faire retour, c'est cela qui, à l'arrière-plan de toutes les aventures d'Ulysse et de ses compagnons, représente toujours le danger et le mal. Être dans le monde humain, c'est être vivant à la lumière du soleil, voir les autres et être vu par eux, vivre en réciprocité, se souvenir de soi et des autres. Là, au contraire, ils rentrent dans un monde où les puissances nocturnes, les enfants de la Nuit, comme les appelle Hésiode, vont étendre peu à peu leur ombre sinistre sur l'équipage d'Ulysse et sur Ulysse lui-même. Un nuage d'obscurité demeure toujours suspendu au-dessus des navi-

Arnold Böcklin (1827-1901), *Ulysse et Polyphème* (1896).

gateurs, qui menace de les perdre s'ils se laissent aller à l'oubli du retour » (*L'univers, les dieux, les hommes*, pages 118-119).

C'est donc soulagé d'avoir échappé à ce mal qu'Ulysse reprend la mer. La prochaine étape lui réserve pourtant une terrible épreuve.

3 • CHEZ LES CYCLOPES

Après quelques jours de navigation à la rame, Ulysse et ses compagnons abordent l'île des « Yeux Ronds », ceux qu'on appelle aussi les « Cyclopes ». Ils sont immenses, au moins trois fois plus grands que les hommes normaux, et ils n'ont qu'un seul œil, gigantesque, au milieu

du front. Là encore, comme les Lotophages, mais en infiniment moins sympathiques, il s'agit d'êtres à part, hors du monde naturel. Ni hommes, ni dieux, ils sont inclassables. Voici comment Ulysse les décrit dans le récit qu'il fera plus tard devant Alcinoos et Arété, le roi et la reine de Phéacie :

« Ce sont des brutes sans foi ni lois. Ils ont tant de confiance dans les immortels qu'ils ne font de leurs mains ni plantations ni labourage. Sans travaux ni semailles, le sol leur fournit tout, orges, froments, vignobles et vin des grosses grappes que les ondées de Zeus viennent gonfler pour eux. Chez eux, pas d'assemblée qui juge ou délibère ; mais, au haut des grands monts, au creux de sa caverne, chacun sans s'occuper d'autrui, dicte sa loi à ses enfants et femmes » (chant IX).

En clair, ces gens-là, comme les Lotophages, ne sont pas vraiment des humains. La preuve ? Ils ne cultivent pas la terre et ils n'ont pas de loi commune. Pour autant, ils ne sont pas non plus des dieux, mais on apprend au passage qu'ils sont protégés par eux et, selon toute vraisemblance, de manière fort efficace puisqu'ils n'ont pas à travailler pour vivre… Nous sommes dans ce monde de l'entre-deux, intermédiaire entre celui des hommes et celui des bienheureux, qui va caractériser tout le voyage d'Ulysse depuis sa sortie du réel, après la querelle sanglante avec les Cicones, jusqu'à son retour à Ithaque. L'île des « Yeux Ronds » regorge de nourriture. Les compagnons d'Ulysse partent pour la chasse et rapportent des vivres à foison. Ils en emplissent les cales des bateaux. Tout le monde s'apprête à repartir, mais Ulysse, c'est là un trait essentiel de son caractère, est un homme curieux des autres. Il n'est pas seulement rusé, il est intelligent, et il veut tout connaître, s'enrichir sans cesse de savoirs et d'expériences nouvelles qui viennent élargir son horizon intellectuel, culturel et moral. Il s'adresse donc à ses compagnons en ces termes :

« Fidèle équipage, le gros de notre flotte va demeurer ici ; mais je vais prendre avec moi mon navire et mes hommes ; je veux tâter ces gens et savoir ce qu'ils sont, des bandits sans justice, un peuple de sauvages, ou des gens accueillants qui respectent les dieux » (chant IX).

Comme on le voit, l'expédition qu'il met en place n'a pas d'autre finalité que la connaissance – où l'on voit une autre facette de la sagesse grecque : un imbécile ne saurait parvenir à la vie bonne et si le but final est bien de trouver sa place dans l'ordre cosmique, sa réalisation ne va pas sans un parcours qui offre à l'être humain l'occasion d'élargir et d'étoffer sa vision du monde et sa compréhension

UN IMBÉCILE NE SAURAIT PARVENIR À LA VIE BONNE ET SI LE BUT FINAL EST BIEN DE TROUVER SA PLACE DANS L'ORDRE COSMIQUE, SA RÉALISATION NE VA PAS SANS UN PARCOURS QUI OFFRE À L'ÊTRE HUMAIN L'OCCASION D'ÉLARGIR ET D'ÉTOFFER SA VISION DU MONDE ET SA COMPRÉHENSION DES ÊTRES QUI LE PEUPLENT

des êtres qui le peuplent. Cette saine curiosité n'est cependant pas sans danger, comme la rencontre d'Ulysse avec le Cyclope Polyphème va malheureusement le démontrer. Avec douze hommes d'équipage triés sur le volet, Ulysse visite l'île. Et là, il découvre une haute caverne, ombragée de lauriers : c'est tout à la fois la demeure du Cyclope et l'étable où ses troupeaux de chèvres et de moutons viennent s'abriter avec lui pendant la nuit :

« C'est là que notre monstre humain avait son gîte. C'est là qu'il vivait seul, à paître ses troupeaux, ne fréquentant personne, mais toujours à l'écart et ne pensant qu'au crime. Ah ! le monstre étonnant ! Il n'avait rien d'un bon mangeur de pain, d'un homme : on aurait dit plutôt quelque pic forestier qu'on voit se détacher sur le sommet des monts… »

Polyphème, en effet, est haut comme une colline. Avec son œil unique au milieu du front, sa force titanesque, il est tout simplement terrifiant et Ulysse commence à se demander si la curiosité, finalement, n'est pas un vilain défaut… Mais il veut en avoir le cœur net. Voyant que Polyphème n'est pas chez lui, que sa demeure est vide – on voit que le

Cyclope est en train de faire paître ses troupeaux dans les champs voisins –, il entre avec ses compagnons dans l'antre du monstre. Précision importante : il a pris soin d'emporter avec lui les douze amphores du vin délicieux que Maron, le prêtre d'Apollon, lui a offertes en cadeau pour avoir eu la clémence de lui laisser la vie ainsi qu'à sa famille. La caverne est saturée de nourriture : des claies sont chargées de fromages délicieux, les enclos sont plein à craquer de petits agneaux, des vases en métal débordent de lait, de miel et de terrines diverses. Les compagnons d'Ulysse n'ont qu'une idée en tête : s'emparer de toutes ces victuailles et prendre aussitôt la fuite sans demander leur reste. Mais Ulysse, lui, veut savoir qui sont ces créatures étranges. Il ne quittera pas la caverne sans avoir vu Polyphème. Pour son plus grand malheur et, surtout, pour celui de ses compagnons qui vont y laisser leur vie dans des conditions atroces. Car Polyphème est bel et bien un monstre, pas un « mangeur de pain ».

Ulysse et ses amis s'installent pour attendre. Comme le soir tombe, ils ont fait un grand feu. Ils se réchauffent autour et mangent quelques fromages, pour faire passer le temps. Lorsqu'il rentre chez lui et qu'il voit ce spectacle, Polyphème commence par enfreindre toutes les lois de l'hospitalité. Chez les Grecs, du moins chez ceux qui « mangent du pain et respectent les dieux » comme de vrais humains, l'usage veut qu'on offre d'abord à ses hôtes à boire et à manger, avant de leur poser la moindre question. Polyphème, lui, leur fait subir un interrogatoire : il veut savoir leurs noms, apprendre qui ils sont, d'où ils viennent. Ulysse sent que la rencontre se présente mal. Au lieu de lui répondre, il demande l'hospitalité à Polyphème. Il lui rappelle au passage, un peu comme une menace voilée, le respect dû aux dieux. Le Cyclope éclate de rire : des dieux, et même de Zeus, le plus éminent entre tous, il n'a rigoureusement que faire ! Lui et ses semblables sont, selon lui, autrement plus forts. Et comme pour joindre le geste à la parole, il saisit par les jambes deux compagnons d'Ulysse et il les écrase, tête la première, sur le sol. Avant que leurs cervelles n'achèvent de se répandre, il les déchiquette membre par membre et en fait son dîner… Puis il s'endort tranquillement.

Écœuré, l'âme brisée par le chagrin et le sentiment de culpabilité – c'est sa curiosité qui a entraîné la mort de ses compagnons –, Ulysse pense d'abord à tuer Polyphème avec son épée. Il dégaine, mais il se ravise : le Cyclope, qui est d'une force inimaginable, a bouché l'entrée de la caverne avec un énorme bloc de pierre et même avec toutes leurs forces réunies, Ulysse et ses amis seraient bien incapables de le faire bouger d'un centimètre. S'il parvient à tuer le Cyclope, Ulysse restera à jamais prisonnier de son antre. Il faut donc trouver une astuce. La nuit passe, atroce, à attendre un lendemain qui s'annonce effroyable. Et il l'est, en effet. Pour le petit déjeuner, Polyphème dévore encore, selon le même rituel sanguinaire, deux autres marins d'Ulysse. Puis, tranquillement, il sort avec ses moutons, sans oublier de refermer soigneusement la porte de la grotte avec l'énorme bloc de pierre. Impossible de s'enfuir. Ulysse réfléchit. Et l'homme aux mille ruses a une idée. Avisant une grande poutre de bois qui traîne auprès d'une des étables, une espèce de massue en olivier qui fait la taille d'un des mâts de son bateau, il s'en empare avec ses hommes. Ils la taillent en pointe, comme un énorme crayon, avec leurs épées. Une fois le pieu bien affûté, ils le plongent dans le feu, pour le durcir et le chauffer au maximum…

Polyphème finit par rentrer et, comme d'habitude, il sacrifie deux nouveaux membres de l'équipage pour son dîner. Ulysse, c'est la deuxième partie de son plan, lui offre alors du vin, ce nectar délicieux mais très alcoolisé que lui a offert Maron et dont on a dit qu'il allait un jour lui être bien utile. Le Cyclope, qui n'a jamais rien bu de meilleur, en avale coup sur coup trois ou quatre cratères bien remplis. Ce qui fait qu'il est maintenant rond comme une pelle à feu. Il demande son nom à Ulysse, lui promettant que, s'il répond, il lui fera un somptueux cadeau. Ulysse invente aussitôt une histoire, c'est le troisième et dernier volet de son stratagème, on va voir bientôt pourquoi : il s'appelle « Personne ». En grec, cela se dit « *outis* », mot qui en évoque inévitablement un autre, « *métis* », l'astuce, la ruse, dont il est très voisin puisque « *ou* » et « *mé* » désignent également la négation. Cynique, le Cyclope lui annonce maintenant le présent auquel il songe : puisque Ulysse lui a dit son nom, « Personne », il lui fera une faveur : c'est lui qu'il mangera en dernier ! Et dans un gros rire gras, il s'allonge et s'endort aussitôt pour cuver le vin et la chair humaine dont il a fait son dîner…

Ulysse et ses compagnons remettent le pieu à chauffer. Il est maintenant dur comme de l'airain et pointu comme une lance. Le bois devient rouge, il est temps d'agir. Aidé de ses compagnons, Ulysse se saisit de sa nouvelle arme et la plonge en tournant dans l'œil du monstre. La scène tourne à l'horreur : le sang jaillit et bouillonne, les cils se carbonisent, le Cyclope hurle. Il arrache le pieu et cherche désespérément les coupables pour les exterminer… sans les trouver, car il est maintenant tout à fait aveugle et qu'ils se font tout petits, terrés qu'ils sont en silence dans les recoins les mieux cachés de la caverne. Polyphème a beau faire, il ne parvient à mettre la main sur aucun d'entre eux. Alors il pousse son rocher, et ouvre sa porte pour appeler du secours. Il hurle de toutes ses forces en direction des montagnes avoisinantes. Ses frères se précipitent, sortent de leurs grottes et lui demandent ce qu'il a : a-t-il été blessé par ruse ou par force ? Et par qui ? Polyphème répond bien sûr qu'il a été blessé par ruse… et par « Personne », qu'il croit être le nom d'Ulysse. Les autres le prennent au mot. Ils ne comprennent pas : « *Si tu n'as été blessé par personne*, lui disent-ils, *alors nous ne pouvons rien faire pour toi, pauvre fou. Débrouille-toi tout seul !* »... Abandonné de tous, Polyphème se poste devant l'entrée de sa grotte, bien décidé à ne laisser sortir « personne », justement, et à se venger de la plus terrible façon. Mais Ulysse a pensé à tout. Il a tressé des cordes et attaché trois par trois des moutons. Les hommes se glissent dessous, ils s'agrippent solidement à leurs ventres, et franchissent ainsi la sortie sans éveiller l'attention du géant qui se contente de tâter le dos de ses bêtes sans aller chercher plus loin. Tous se précipitent alors aussi vite que possible vers le bateau qui les attend au pied de la montagne. Ulysse, pourtant, ne veut pas en rester là. Il ne peut pas s'empêcher de crier sa haine à Polyphème : s'il ne lui dit pas qui il est vraiment,

ABANDONNÉ DE TOUS, POLYPHÈME SE POSTE DEVANT L'ENTRÉE DE SA GROTTE, BIEN DÉCIDÉ À NE LAISSER SORTIR « PERSONNE », JUSTEMENT, ET À SE VENGER DE LA PLUS TERRIBLE FAÇON. MAIS ULYSSE A PENSÉ À TOUT. IL A TRESSÉ DES CORDES ET ATTACHÉ TROIS PAR TROIS DES MOUTONS

le châtiment ne sera pas parfait. Il faut que le Cyclope sache par qui il a été vaincu. Ulysse, dans sa course vers le salut, se retourne, s'arrête et hurle en direction de Polyphème : « *Sache, pauvre idiot, que c'est moi Ulysse, et non "Personne", qui t'ai puni comme tu le méritais en t'aveuglant* »... Ça fait du bien à Ulysse, sur le moment, mais c'est une erreur. Ulysse n'aurait pas dû céder à cette forme insidieuse d'hybris qu'est la vantardise. Il aurait mieux fait de se taire, de partir sans demander son reste, comme ses compagnons le suppliaient d'ailleurs de le faire. Mais il faut dire qu'il tient à son identité comme à la prunelle de ses yeux : c'est elle, après tout, qui est en jeu tout au long de ce voyage. Alors le monstre, ivre de colère, arrache le sommet d'une montagne et il le jette en direction de la voix qu'il vient d'entendre... L'immense rocher va s'écraser dans la mer, à proximité du bateau d'Ulysse qui manque de justesse d'être détruit. Mais le pire est à venir. Polyphème invoque son père, Poséidon, un dieu terrible dont il est un des nombreux fils. Il le supplie de châtier à son tour l'impudent qui a osé s'en prendre à un des siens. Voici ses propres paroles – qu'il faut garder à l'esprit parce qu'elles marquent bien les contours et la nature des obstacles qui attendent désormais Ulysse :

« **Ô maître de la terre** (Poséidon est le dieu de la mer, mais il règne également sur la terre parce que tous les cours d'eau lui appartiennent et qu'il peut aussi déclencher avec son trident des séismes, ce pourquoi on l'appelle aussi "l'ébranleur de la terre"), **ô dieu coiffé d'azur, ô Poséidon, écoute ! S'il est vrai que je suis ton fils, si tu prétends à ce titre de père, fais pour moi que jamais il ne rentre au logis, ce pilleur d'Ilion** (rappelons qu'Ilion est le nom grec de la ville de Troie, qui aurait été fondée par un certain Ilos, d'où le titre de l'épopée d'Homère), **cet Ulysse, lui, ce fils de Laërte qui demeure à Ithaque ! Ou du moins, si le sort lui permet de retrouver les siens et sa haute maison, au pays de ses pères, fais qu'après de longs maux, sur un vaisseau d'emprunt, il n'y rentre, privé de tous ses compagnons, que pour trouver encore le malheur au logis.** » (Chant IX.)

Et tel est bien, en effet, l'avenir qui attend Ulysse. Il rentrera chez lui, certes, mais après avoir subi mille malheurs. Tous ses compagnons vont trouver la mort, sans exception. Son bateau fera naufrage et c'est bien sur un bateau prêté par les Phéaciens qu'il regagnera Ithaque pour y

trouver, et là encore le souhait de Polyphème va se réaliser, le désordre le plus total, celui que les « prétendants » au trône et à sa femme ont mis dans son palais.
Selon la formule désormais canonique, Ulysse et les siens reprennent la mer, « *l'âme navrée, contents d'échapper à la mort, mais pleurant leurs amis…* ».
Résumons rapidement les quatre étapes suivantes.

4 • SUR L'ÎLE D'ÉOLE, LE DIEU DU VENT

Après plusieurs jours de navigation entre des îles désertes, Ulysse arrive chez Éole, le dieu du vent, qui lui fait bon accueil. Bienveillant, Éole lui offre un cadeau des plus précieux : une espèce d'outre, un sac en peau, bien hermétique, qui contient en lui tous les vents défavorables à son voyage ! En clair, Ulysse n'a plus qu'à se laisser porter par les vents qui subsistent encore au-dessus de l'eau : comme ils sont doux et qu'ils vont tous dans le bon sens, il est sûr et certain de parvenir sain et sauf à Ithaque. On ne peut pas être plus gentil ! Ulysse remercie donc Éole, des larmes dans la voix, et il reprend la mer, serrant toujours contre lui le précieux cadeau. Mais ses marins, qui ne sont pas très fins, s'imaginent qu'il s'agit d'un trésor qu'Ulysse veut garder pour lui tout seul. Rongés par la curiosité, ils profitent d'un moment d'inattention du héros – Ulysse a été gagné par le sommeil, qui est encore une figure insidieuse de l'oubli – pour ouvrir le sac, juste au moment où les côtes d'Ithaque sont en vue. Dommage ! Les vents contraires s'envolent et le bateau, irrésistiblement, perd son chemin et repart vers le large… Ulysse est fou de rage, terriblement déçu, surtout. Il s'en veut, il n'aurait jamais dû s'endormir, cesser de veiller : céder au sommeil, c'est une forme d'oubli, oubli de soi et du monde, momentané, certes, mais suffisant pour que tout tourne à nouveau au drame. Ulysse retourne aussitôt sur l'île d'Éole, mais il a beau le supplier de lui donner une seconde

Éole donnant les vents à Ulysse, tableau de Isaac Moillon (1616-1673).

chance, le dieu des vents est en colère, il ne veut rien entendre : « *Si tu as si peu de chance, Ulysse,* lui dit-il, *si tu n'es pas capable de veiller sur ce que je t'ai offert et que tu préfères dormir, c'est à coup sûr qu'un dieu puissant t'en veut et, contre cela, je ne peux ni ne veux rien faire...* » Où l'on comprend au passage que le malheur qui vient de s'abattre sur Ulysse par l'intermédiaire du sommeil est déjà l'effet d'une volonté de Poséidon... Ulysse et ses compagnons sont donc à nouveau perdus, totalement égarés dans un monde de plus en plus étrange où aucun repère ne leur permet plus de s'orienter. Au hasard de leur route, au bout de six jours harassants, ils abordent néanmoins sur une autre terre, à Télépyle, le pays des Lestrygons, gouvernés par le roi Antiphatès.

5 • AU PAYS DES LESTRYGONS

À ce moment de son voyage, Ulysse est encore à la tête d'une flotte de plusieurs vaisseaux qui vont se ranger dans une anse abritée qui forme un ravissant petit port naturel. Tout semble parfaitement calme. On se croirait dans un endroit plein de douceur et de charme, une sorte de Portofino grec. Prudent, Ulysse prend soin néanmoins de laisser son propre bateau à l'écart, dans une autre crique, attaché aux rochers par des amarres solides. Puis il envoie trois hommes en reconnaissance. En approchant du village, ils aperçoivent une jeune fille qui vient puiser de l'eau à une source. Bien que toute jeune, elle est immense, haute comme un platane adulte. C'est la fille du roi de ces lieux, Antiphatès le Lestrygon. La géante propose aimablement de conduire les hommes dans la demeure de son père. Là, les malheureux rencontrent les parents, deux êtres monstrueux, hauts eux aussi comme des montagnes. Antiphatès ne se perd pas en discours inutiles. Il attrape un des marins et lui fait subir le même sort qu'avait réservé Polyphème aux amis d'Ulysse : il lui éclate la tête par terre et il le dévore tout cru.

Ces géants ne sont pas non plus des « mangeurs de pain ». En clair, ce ne sont pas des humains, mais des monstres, et il faut prendre la fuite de toute urgence. Mais il est déjà trop tard. Tous les géants du village qui surplombe le port où sont ancrés les bateaux ont accouru. Ils sont sortis de leurs grottes et ils réclament, eux aussi, leur part de chair fraîche. S'emparant d'énormes blocs de pierre, ils les lancent en direction des navires, écrasant les hommes, brisant les mâts et les coques. Le carnage est épouvantable. Tous les bateaux sont détruits en un rien de temps et les marins qui s'y trouvaient sont harponnés comme des poissons et dévorés sur-le-champ. Ulysse, seul, en réchappe avec son bateau et les quelques hommes qui lui restent fidèles. Voyant l'horrible spectacle, il coupe les amarres d'un coup d'épée et prend le large à toute vitesse, « *l'âme navrée, content d'échapper à la mort, mais pleurant ses amis* », selon la formule qui, décidément, est pour lui de plus en plus d'actualité...

6 • CHEZ CIRCÉ LA MAGICIENNE, SUR L'ÎLE D'AIAIÉ

Encore quelques jours de navigation et c'est une autre île qui se profile à l'horizon. Ulysse ne sait toujours pas où il est, il est totalement perdu, mais il faut bien des vivres, de l'eau et de la nourriture. Décision est donc prise d'aborder. On tire le bateau sur une plage déserte. Deux jours et deux nuits durant, Ulysse et ses marins, terrassés par la fatigue, reprennent des forces. Ils restent sur la berge, sans visiter l'île. Ulysse est parti chasser. Il a tué un cerf géant, qu'il a rapporté sur son dos, de sorte que lui et ses marins ont de quoi se restaurer. Le troisième jour, Ulysse le curieux n'y tient pas : il envoie quelques marins en reconnaissance. Euryloque, son second, part en compagnie d'une

Ci-contre : Circé, œuvre de Charles Gumery (1827-1871), cour Carrée du Louvre.

vingtaine d'hommes. Les éclaireurs avancent sur un petit chemin. De la fumée, au loin, sort de la cheminée d'une maison. En s'approchant, ils rencontrent au bord de la route des lions et des loups en liberté. D'abord terrifiés, ils portent la main à l'épée et se préparent à une attaque, mais rien de tel ne se produit. Ces animaux, d'ordinaire sauvages, ont des yeux tout doux, on dirait des regards humains, profonds et suppliants. Gentils comme des toutous, ils viennent se frotter contre les jambes des amis d'Ulysse qui n'en croient pas leurs yeux. Ils continuent leur chemin et entendent une voix ravissante qui sort de la maison.
C'est la voix de Circé, la magicienne, une fille d'Hélios qui est aussi la tante de Médée, une autre magicienne que nous retrouverons plus tard dans d'autres histoires. Circé s'ennuie un peu, seule sur son île. Elle voudrait bien avoir de la compagnie et surtout parvenir à la garder. Elle invite les marins à s'asseoir, leur offre à boire. Mal leur en prend. Il s'agit d'une potion magique qui transforme aussitôt ceux qui la consomment en animaux. Un coup de baguette magique et voici les amis d'Ulysse changés en porcs ! Gentiment, Circé les conduit vers la porcherie où elle leur donne de la nourriture : de l'eau et quelques glands. Ils sont absolument semblables à des porcs, à ceci près qu'à l'intérieur ils restent des humains. Ils conservent leur esprit et c'est pour eux une véritable horreur de se voir ainsi réduits à leur nouvel état. En même temps, ils comprennent tout d'un coup la raison de la douceur des loups et des lions qu'ils ont croisés sur leur route : il s'agit évidemment d'êtres humains que Circé a changés en animaux de compagnie.
Heureusement, Euryloque a flairé le piège. Il a refusé de boire la mixture que lui tendait Circé. Il s'échappe et court à toutes jambes retrouver Ulysse auquel il fait le récit de ce qu'il a vu. Ulysse prend sa lance et son épée, et se met aussitôt en route pour délivrer ses compagnons. C'est courageux mais, à vrai dire, il n'a pas la moindre idée de la façon dont

il va pouvoir s'y prendre. Comme toujours quand la difficulté est insurmontable, l'Olympe se réveille. Hermès, le messager de Zeus, intervient. Fendant l'air avec ses petites ailes aux pieds, il se rend sur l'île et prend l'apparence d'un beau jeune homme. Il offre à Ulysse, qui ne tarde pas à le reconnaître, un contrepoison, une petite herbe, le « moly » qui, s'il l'absorbe dès maintenant, le rendra invulnérable au charme de Circé. Il lui donne en outre quelques conseils : quand il verra Circé, il faut qu'il boive la potion. Rien ne lui arrivera. Alors Circé comprendra qui il est. Il devra se lever, la menacer de son épée comme s'il voulait la tuer. Elle libérera ses compagnons, leur rendra figure humaine, mais en échange, elle invitera Ulysse à partager sa couche pour faire l'amour.

LE SERMENT PAR LE FLEUVE DES ENFERS EST UNE GARANTIE ABSOLUE, CAR CELUI QUI L'ENFREINT, MÊME S'IL EST UN DIEU PUISSANT, MÊME S'IL EST ZEUS EN PERSONNE, EST PUNI DE MANIÈRE TERRIFIANTE

Il devra accepter, mais à une condition : qu'elle jure par le Styx qu'elle ne cherchera plus jamais à lui nuire. Le serment par le fleuve des enfers est une garantie absolue, car celui qui l'enfreint, même s'il est un dieu puissant, même s'il est Zeus en personne, est puni de manière terrifiante, privé de nerfs et de force, transformé en une espèce de légume pendant neuf années, éventuellement placé en esclavage chez des humains, avant de pouvoir retrouver son statut initial.

Tout se passe comme prévu, et comme Circé est sublime – c'est une déesse –, Ulysse y prend goût. Moyennant quoi, il reste toute une année auprès d'elle, à faire sans cesse l'amour, à boire, à dormir, à manger… et à recommencer chaque jour le même scénario. Ce qui le guette à nouveau, c'est la tentation de l'oubli du but de son voyage qui est aussi, on l'a maintenant compris, le sens de sa vie. Circé fait tout pour qu'il ne pense plus à rien, pour qu'il ne songe surtout pas à Pénélope ni à Ithaque, pour qu'il reste avec elle, bien au chaud dans son lit. Une fois encore, Ulysse frise la catastrophe – une catastrophe très douce, certes, mais néanmoins calamiteuse. Pour une fois, ce sont ses marins qui le tirent d'affaire. Ils commencent à en avoir assez, à s'impatienter, eux qui n'ont pas Circé dans leur lit tous les soirs pour s'occuper... Ils se révoltent, ils vont voir Ulysse et le somment de se remettre en route.

Contre toute attente, Circé prend plutôt bien la chose. Après tout, on ne peut pas garder un amant de force et si Ulysse veut à tout prix rentrer, qu'il rentre ! Voilà à peu près ce qu'elle se dit. Ulysse fait les préparatifs du départ, mais il ne sait toujours pas où il est, et il n'a pas la moindre idée de la façon dont il pourrait s'y prendre pour rejoindre Ithaque. Circé va l'aider, mais le conseil qu'elle lui donne fait frémir : il va falloir trouver l'entrée des enfers, du royaume d'Hadès et de Perséphone, le pays des morts, et s'y rendre pour consulter Tirésias, le plus fameux de tous les devins. Lui seul pourra dire à Ulysse ce qui l'attend dans la suite de son voyage et comment reprendre sa route. C'est peu de dire qu'Ulysse n'est pas enthousiasmé par la perspective sinistre que lui ouvre la magicienne. Mais il n'y a rien d'autre à faire. Il faut y aller.

7 • LA « NEKUIA » : ULYSSE CHEZ LES CIMMÉRIENS, PUIS DANS L'HADÈS, CHEZ LES MORTS

Pour trouver l'entrée du royaume des morts, il faut, selon le conseil de Circé, se rendre au pays des Cimmériens, qui présente une caractéristique très remarquable : le jour ne s'y lève jamais, jamais le soleil n'y darde le moindre rayon de sorte que la contrée est plongée dans une nuit perpétuelle. On sait, dès qu'on y pose le pied, qu'on est dans les parages de ce que les Grecs appellent la « mort noire ». C'est donc ici que se situe la « Nekuia », c'est-à-dire le séjour d'Ulysse dans l'Hadès que décrit le livre XI de l'*Odyssée*.

ACHILLE LUI FAIT CE TERRIBLE AVEU, RÉDUISANT À NÉANT LES MIRAGES DE L'HÉROÏSME GUERRIER : IL PRÉFÉRERAIT MILLE FOIS ÊTRE LE PLUS MISÉRABLE DES PETITS BOUVIERS PLUTÔT QU'UN HÉROS GLORIEUX AU ROYAUME DES MORTS

Circé a recommandé à Ulysse, s'il veut rencontrer Tirésias et bénéficier des ses conseils, de creuser une grande fosse, puis d'y verser les libations destinées aux morts : du lait mêlé de miel, du vin doux, de l'eau et, pour finir, de la farine bien blanche. Une fois ces instructions accomplies, Ulysse tire son glaive et il égorge une brebis noire ainsi que deux moutons, le sang de la brebis étant destiné au seul usage de Tirésias : il s'agit de lui redonner suffisamment de vie pour qu'il puisse parler.
C'est alors qu'une troupe de morts sans visages sort lentement de la fosse. Derrière eux, on aperçoit le fond des enfers, traversé par quatre fleuves inquiétants : l'*Achéron*, un fleuve stagnant aux berges vaseuses et répugnantes, que les morts doivent traverser avec l'aide de Charon, l'affreux passeur qu'il faut payer avec les pièces d'argent qu'on a placées sur leurs yeux pendant les funérailles. On aperçoit à côté le *Pyriphlégéton*, qui, comme son nom l'indique, charrie sans cesse du feu, une sorte de magma en fusion, puis le *Cocyte*, la rivière des gémissements, qui est un affluent de l'Achéron. Gelé, il charrie non pas des flammes, comme son voisin, mais des blocs de glace. Enfin, un peu plus loin se trouve le fameux *Styx*, dont l'eau vénéneuse passe pour avoir

des propriétés magiques, en général mortelles pour les hommes, mais salvatrices dans certains cas... Tout ce spectacle est effrayant et le malheureux Ulysse, à la vue de ce peuple d'ombres d'où monte un brouhaha permanent, aussi confus que sinistre, est saisi par l'angoisse. Comme je vous l'ai dit, ce qui caractérise les morts – et c'est cela qui terrifie notre héros –, c'est qu'ils ont perdu leur individualité, leur identité, ils sont sans nom et sans visage. Pour leur redonner un peu de vie, pour qu'ils reprennent des couleurs et se mettent à parler, il n'est qu'un moyen : après avoir sacrifié un bélier ou une brebis noire, il faut leur faire avaler un verre de sang frais. C'est ainsi qu'Ulysse parvient à avoir une conversation avec Tirésias, puis avec sa mère, Anticlée, qu'il essaie en vain d'embrasser : dès qu'il tente de l'enserrer dans ses bras, il ne brasse que du vide. Les morts ne sont que des ombres. C'est là aussi qu'il retrouve Achille avec lequel il peut avoir une conversation. Achille lui fait ce terrible aveu, réduisant à néant les mirages de l'héroïsme guerrier : il préférerait mille fois être le plus misérable des petits bouviers plutôt qu'un héros glorieux au royaume des morts. Ulysse aperçoit plusieurs autres héros : Ajax, qui lui tourne le dos (il ne lui a pas pardonné d'avoir hérité des armes d'Achille), mais aussi, et entre autres, Agamemnon, Alcmène, Épicaste (un autre nom de Jocaste, la mère d'Œdipe), tandis qu'au loin on aperçoit Tantale, qui meurt de faim et de soif à côté de Sisyphe qui pousse interminablement son rocher en haut d'une petite colline avant qu'il ne retombe inlassablement et que le supplice recommence... Tirésias, après avoir bu le sang qui lui était réservé, s'adresse enfin à Ulysse – avec des propos qui confirment ceux de Polyphème : oui, il finira bien par rentrer chez lui, mais pas sur son bateau, après avoir vu périr tous ses compagnons et sombrer son navire. En outre, des épreuves bien pénibles l'attendront encore chez lui, à Ithaque. Le terme du voyage est assuré, mais le trajet s'annonce décidément très mal, tout

cela à cause de Poséidon qui veut venger l'œil crevé de son Cyclope de fils. Cela dit, une fois ces épreuves surmontées, il pourra finir ses jours heureux, dans sa famille. Tirésias prévient aussi Ulysse que s'il aborde sur l'île du soleil, chez Hélios, lui et ses compagnons ne devront en aucun cas toucher à ses bœufs qui sont sacrés...
Ulysse quitte alors la fosse, puis l'obscur pays des Cimmériens et son navire le ramène chez Circé.

8 • RETOUR CHEZ CIRCÉ

Là, avec ses marins, il se repose, reprend des forces au cours d'un festin que leur offre gentiment la magicienne puis, le lendemain, il reçoit encore quelques conseils de sa part : elle lui explique comment éviter les pièges tendus par les Sirènes, puis comment il lui faudra franchir

Huile sur toile de Dosso Dossi (1490-1542) représentant Circé et ses amants.

les Planctes, ces rochers mouvants que seul Jason et les Argonautes ont réussi à traverser, mais avec l'aide d'Héra et de Thétis. C'est là qu'il devra affronter encore les deux monstres terrifiants, Charybde et Scylla, qui ferment le passage...

9 • LE CHANT DES SIRÈNES ET L'INSATIABLE CURIOSITÉ D'ULYSSE

Ulysse et ses compagnons reprennent donc la mer. Ils rencontrent d'abord, comme Circé le leur avait annoncé, les Sirènes, ces femmes oiseaux (et non poissons, comme on le croit souvent…) dont le chant est si séduisant qu'il en devient mortel : son charme irrésistible attire les marins vers les récifs où ils font naufrage. Sous les dehors les plus attirants, elles sont

Mosaïque représentant Ulysse et les Sirènes. Tunis, IIe siècle après J.-C.

redoutables, comme en témoigne d'ailleurs le fait qu'elles sont en permanence entourées de rochers peuplés d'ossements humains qui blanchissent au soleil et de chairs blanchâtres qui pourrissent lentement. Pour protéger ses marins de toute tentation, Ulysse leur bouche les oreilles avec de la cire. Comme cela, ils ne risquent pas de céder à l'attrait sulfureux des femmes oiseaux. Mais lui, en revanche, comme avec Polyphème ou Circé, veut en avoir le cœur net. Il veut savoir à quoi ressemblent ces étranges créatures, quel qu'en soit le prix : sa volonté de tout connaître, de tout expérimenter est intacte. Alors il se fait attacher au mât et donne ordre à ses hommes de resserrer encore ses liens si jamais il lui prenait l'idée folle de se laisser séduire. Bien entendu, le chant des Sirènes ne le laisse pas indifférent. Au bout de quelques minutes, il donnerait tout pour les rejoindre, mais ses hommes, cette fois-ci, ont compris. Comme promis, ils affermissent encore les cordes qui retiennent leur chef à son mât et tout se passe, finalement, sans encombre. Ulysse est désormais le seul homme qui connaisse le chant des Sirènes et soit cependant toujours en vie, comme il est l'un des très rares à avoir visité l'Hadès une première fois, avant d'y retourner un jour. Dépitées, les Sirènes se précipitent dans les flots où elles se noient : comme le Sphinx, un oracle leur avait annoncé qu'elles perdraient la vie si un homme parvenait à déjouer leurs ruses, et c'est ce qui leur advient avec Ulysse...

10 • DE CHARYBDE EN SCYLLA

Vient alors l'épisode des « Planctes », ces roches mobiles qui écrasent les bateaux qui s'y aventurent, d'autant plus dangereuses que deux êtres terrifiants se cachent dans les environs : Charybde, un monstre féminin dont la bouche est si énorme et si vorace qu'elle engloutit tout ce qui se trouve dans les parages, provoquant en permanence un gigantesque tourbillon. On peut, certes, l'éviter, en prenant le large, mais là, on tombe

La nymphe Scylla transformée en monstre hideux, gravure.

sur Scylla, un autre monstre féminin, dont le corps affreux est surmonté de six effroyables têtes de chien. De là vient bien sûr l'expression commune « tomber de Charybde en Scylla » : quand on évite l'une, on tombe sur l'autre calamité. Le navire parvient à s'éloigner sans encombre de Charybde, mais aussitôt après, six marins d'Ulysse sont happés par les têtes et trouvent une mort abominable dans les gueules de Scylla. La prédiction de Tirésias commence à s'accomplir et Ulysse comprend qu'il risque bien, en effet, de rentrer seul au bercail…

11 • SUR L'ÎLE D'HÉLIOS, LE DIEU DU SOLEIL, PUIS CHEZ CALYPSO ET CHEZ LES PHÉACIENS

Le navire continue à tailler sa route dans une mer toujours inconnue et inhospitalière. Il aborde bientôt, là encore comme annoncé par Tirésias, sur l'île du dieu soleil, Hélios. Elle est peuplée de bœufs magnifiques. Mais ce sont des animaux sacrés, qui appartiennent à Hélios, et auxquels il est absolument interdit de toucher. Leur nombre possède en effet une valeur cosmique : il est égal au nombre de jours qui composent une année. Et comme Hélios voit tout, il serait absurde de se laisser aller. Circé leur a donné des vivres, qu'ils s'en contentent ! Mais un vent du sud empêche l'équipage de reprendre la route pendant plus d'un mois. Les marins, à court de nourriture, n'y tiennent plus. Un soir qu'Ulysse s'est laissé aller à dormir plus tôt que de coutume – et ce sommeil, à nouveau, symbolise la tentation de l'oubli, ses hommes commettent l'irréparable : ils font rôtir une belle vache, puis une autre, et font un festin. Réveillé par l'odeur de fumée, Ulysse accourt. Trop tard, il ne peut que constater le désastre. Le spectacle est horrible : les bêtes qu'on a égorgées et embrochées, et qui devraient depuis bien longtemps être mortes, continuent de mugir de manière aussi atroce qu'inquiétante. Il ordonne que l'on reprenne la mer, mais le mal est fait et, bien entendu, Zeus punit les coupables. Il déclenche à nouveau une terrible tempête. Les voiles explosent, les vagues se déchaînent et les navires sombrent tous tour à tour, sans exception. Comme l'avait prédit Tirésias : si Ulysse parvient à rentrer à Ithaque, ce sera seul, et pas sur son propre navire. Tous les amis d'Ulysse ont déjà trouvé la mort et son bateau a sombré. Lui seul survit, accroché à un morceau de bois qui flotte au gré des flots. Il dérive lentement jusqu'à l'île de Calypso, la ravissante nymphe qui va le garder prisonnier pendant des années.

12 • L'ANGOISSE D'ULYSSE CHEZ CALYPSO : PERDRE LE SENS DE SA VIE

Parmi toutes les figures de l'oubli qui émaillent le parcours d'Ulysse, il en est une particulièrement charmante, et c'est elle qui va nous permettre de saisir le sens philosophique de toute cette aventure. Nous allons voir comment les Grecs, pour la première fois sans doute dans l'histoire de l'humanité, vont définir la vie bonne sans recourir à Dieu ni à la foi – et c'est en cela que ce récit est la matrice de la philosophie, une première tentative de définir le souverain bien hors religion.

LES GRECS, POUR LA PREMIÈRE FOIS SANS DOUTE DANS L'HISTOIRE DE L'HUMANITÉ, VONT DÉFINIR LA VIE BONNE SANS RECOURIR À DIEU NI À LA FOI – ET C'EST EN CELA QUE CE RÉCIT EST LA MATRICE DE LA PHILOSOPHIE, UNE PREMIÈRE TENTATIVE DE DÉFINIR LE SOUVERAIN BIEN HORS RELIGION

Quelle est donc cette nouvelle figure de l'oubli qui va faire perdre beaucoup de temps à Ulysse (sept ans exactement, sur les dix années de son retour vers Ithaque) ? Elle porte un bien joli nom : elle s'appelle Calypso. Son nom, en grec, vient du verbe *calyptein*, qui veut dire « cacher ». Et de fait, la ravissante Calypso va décider de « cacher » Ulysse sur son île le plus longtemps possible, de le garder pour elle, par amour. Comme toutes les déesses, elle est bien entendu immortelle et d'une beauté absolue. Ulysse débarque sur son île pour faire eau et trouver des vivres. Dès que Calypso l'aperçoit, elle tombe folle amoureuse de lui. Non seulement Calypso est sublime, mais son île est un véritable paradis. Homère prend soin de souligner, dans une phrase très parlante, que Calypso appartient bien, elle aussi, aux figures de l'oubli qu'Ulysse doit sans cesse affronter : elle essayait, écrit-il, de « *faire oublier à Ulysse Pénélope et Ithaque* ». Calypso organise donc la vie avec son amant de la façon la plus douce et la plus agréable qui soit. Il y a autour d'eux toute une pléiade de nymphettes qui s'affairent à leur rendre la vie particulièrement charmante.

Tout ça a l'air en effet paradisiaque, et pourtant, chaque soir, Ulysse va s'asseoir sur un rocher : il regarde dans la direction d'Ithaque et pleure toutes les larmes de son corps. En apparence, il a tout pour être heureux, tout ce qu'un homme peut désirer et pourtant il ne cesse de pleurer. Pourquoi ? Parce qu'il n'est pas à sa place dans l'univers, il n'est pas encore rentré chez lui, il n'a pas retrouvé la vie bonne. Alors il pleure, il pleure tous les soirs, pendant sept ans. Puis, pour des raisons qui seraient trop longues à raconter ici, Athéna prend Ulysse en pitié et demande à son père de donner l'ordre à Calypso de le laisser rentrer chez lui. Zeus envoie alors Hermès, son messager, dire à Calypso qu'elle doit laisser partir Ulysse. Calypso est folle de rage et de désespoir. Elle peste contre les dieux. Elle est désespérée parce qu'elle aime vraiment Ulysse.

C'est alors qu'elle va inventer un stratagème qui va nous permettre de voir exactement la différence entre une spiritualité religieuse et une spiritualité philosophique ou laïque. Elle lui dit en substance ceci : « *Si tu restes avec moi malgré l'ordre de Zeus, donc si tu restes avec moi volontairement, je t'offrirai ce qu'aucun mortel n'a jamais pu obtenir.* » Et elle va lui faire une promesse religieuse, une promesse quasiment chrétienne avant la lettre, elle lui dit : « *Si tu restes avec moi, je t'offrirai l'immortalité et la jeunesse éternelle.* »

Ce dernier détail est d'ailleurs assez comique dans le texte d'Homère. Calypso ajoute à l'immortalité la jeunesse éternelle en songeant à un précédent fâcheux : une divinité comme elle, Aurore, la fameuse « Aurore

CALYPSO PROPOSE À ULYSSE DE DÉPASSER LA CONDITION DE MORTEL, DE DÉPASSER SON STATUT D'ÊTRE HUMAIN POUR ACCÉDER À L'IMMORTALITÉ. OR, ULYSSE REFUSE ET CE REFUS SIGNE LA NAISSANCE DE LA PHILOSOPHIE

aux doigts de rose », la divinité du matin, était tombée elle aussi amoureuse d'un mortel, un certain Tithon. Elle avait demandé elle aussi l'immortalité pour son homme, pour le garder avec elle, mais elle avait oublié d'y ajouter la jeunesse. Le malheureux finit par se ratatiner dans un coin du palais, devient totalement impropre à la consommation et, comme elle ne peut pas le tuer, Aurore le transforme en cigale pour s'en débarrasser. Calypso promet donc à Ulysse de ne pas commettre cette erreur funeste. Elle lui propose de dépasser la condition de mortel, de dépasser son statut d'être humain pour accéder à l'immortalité (ce que les grecs appellent une « apothéose », une divinisation de l'humain : elle veut le transformer en immortel, en dieu). C'est une promesse d'immortalité comme en feront la plupart des grandes religions.

Or, Ulysse refuse – et ce refus signe la naissance de la philosophie. Pourquoi ? Parce qu'il signifie qu'aux yeux du sage une vie de mortel réussie est préférable à une vie d'immortel ratée. Pour lui, une vie d'immortel ratée, c'est une vie délocalisée, loin non seulement de chez soi, mais aussi loin de soi-même puisque, en acceptant le statut de divinité, il cesserait d'être ce qu'il est vraiment, à savoir un être humain. Il ne serait plus lui-même : il cesserait d'être Ulysse, il perdrait son identité. On voit ici apparaître en creux, dans ce refus d'Ulysse, la première définition laïque, non religieuse, philosophique de la vie bonne. Essayons brièvement de la préciser.

La première définition laïque de la vie bonne ou la naissance de la première sagesse philosophique

La définition de la vie bonne qui apparaît avec la figure d'Ulysse comporte trois éléments fondamentaux. Je vous les indique parce qu'ils vous permettront de comprendre concrètement ce qu'est une spiritualité laïque, c'est-à-dire une définition non religieuse, philosophique, de la vie bonne.

Premier élément : le sage est d'abord et avant tout celui qui accepte la condition de mortel, c'est-à-dire celui qui accepte d'être lui-même, de ne pas chercher à être un dieu. Un vaste programme philosophique est ainsi en train de naître : le sage est capable d'affronter les peurs. Non seulement, bien sûr, les peurs sociales, les timidités de tous ordres, non seulement celles que les psychanalystes appelleraient aujourd'hui « psychiques », les phobies, mais enfin et surtout la grande peur, qui est la peur de la mort. Le sage est d'abord et avant tout celui qui parvient à la sérénité en ayant vaincu les peurs. Ainsi se trouve tracé l'un des grands programmes de la philosophie grecque : vaincre les peurs. Pourquoi est-ce indispensable à la sagesse ? Tout simplement parce que, lorsque nous sommes saisis par l'angoisse (pensez aux phobies, par exemple, lorsqu'elles s'emparent de nous), nous perdons d'un seul coup toute liberté de pensée et toute capacité de nous ouvrir aux autres. En d'autres termes, la peur nous rend tout à la fois stupides et égoïstes, tout le contraire, donc, de la sagesse, qui est par excellence pétrie d'intelligence et d'ouverture aux autres, de capacité à penser et à aimer. Vaincre les peurs, voilà le premier élément du programme de la philosophie, un programme qui traversera les siècles jusqu'à ce que l'écologie et le pacifisme contemporains fassent de la peur, à l'encontre d'une tradition millénaire, une passion positive : non plus une passion infantile, niaise et égoïste, mais le premier pas vers une nouvelle forme de sagesse

La Traversée du Styx, par Joachim Patinir (vers 1480-1524), huile sur panneau.

identifiée, non à l'audace, mais à ce qu'on appelle aujourd'hui le « principe de précaution ». Pas certain, à vrai dire, qu'il s'agisse d'un progrès de la « modernité », mais c'est là une autre affaire…

Le deuxième élément qui affleure à travers l'histoire d'Ulysse est, lui aussi, d'une grande profondeur : le sage est celui qui parvient à vivre au présent. Il est capable de ce que Nietzsche appellera l'*amor fati*, l'amour du *fatum*, du destin, de ce qui est là, du réel, de ce qui est présent, devant nous, ici et maintenant. Pourquoi est-ce indispensable à cette définition laïque de la vie bonne ? Parce que les Grecs pensaient que deux grands maux pèsent sur la vie humaine : le passé et le futur. Le passé, quand il a été heureux, nous tire en arrière, par un sentiment très puissant que les romantiques exploreront jusqu'en ses racines, la nostalgie, les souvenirs douloureux du passé, des temps heureux, du

LE SAGE EST D'ABORD ET AVANT TOUT CELUI QUI PARVIENT À LA SÉRÉNITÉ EN AYANT VAINCU LES PEURS. AINSI SE TROUVE TRACÉ L'UN DES GRANDS PROGRAMMES DE LA PHILOSOPHIE GRECQUE : VAINCRE LES PEURS

bon vieux temps... Mais quand il a été malheureux, le passé nous tire tout autant en arrière par d'autres passions, que Spinoza appellera les « passions tristes » : les remords, les regrets, les hontes, les culpabilités qui nous réveillent la nuit. Et quand on parvient à s'arracher au passé, à la nostalgie, on est pris par une autre illusion : l'illusion du futur, de l'espérance, de l'idée que « ça ira mieux après ». Comme le dit Sénèque, qui en fait le thème principal de ses fameuses *Lettres à Lucilius*, c'est pure illusion : on s'imagine que tout s'arrangera, quand on aura changé de ceci ou de cela, de chaussures, de coiffure, de voiture, de mari, de femme, de maison, de tout ce que vous voudrez. C'est la grande illusion par excellence car, en fait, le passé et le futur nous empêchent de vivre au présent. *Carpe diem*, dira Horace. *Amor fati*, dira Nietzsche : le sage est celui qui parvient à habiter le présent ou, comme le dit heureusement mon ami André Comte-Sponville, d'une jolie formule d'inspiration stoïcienne, « le sage est celui qui parvient à regretter un peu moins (c'est-à-dire à vivre un peu moins dans le passé), à espérer un peu moins (à vivre un peu moins dans le futur), et donc à aimer un peu plus (à habiter davantage le présent) ». Considérez dans son ensemble l'histoire d'Ulysse : elle est à cet égard riche d'enseignements. Pendant les vingt années que durent la guerre de Troie, puis son voyage de retour à Ithaque – vingt années délocalisées, donc –, il est toujours plongé soit dans la nostalgie d'Ithaque, soit dans l'espérance d'Ithaque, jamais dans l'amour d'Ithaque. Il ne vit jamais au présent, jamais dans l'amour. Il est toujours coincé entre ces deux pièces de l'étau, entre ces deux mâchoires que sont d'un côté le passé, de l'autre le futur. Or ces dimensions du temps sont toutes deux des formes du néant puisque le passé *n'est plus,* que le futur *n'est pas* encore, de telle sorte qu'Ulysse n'est jamais dans la réalité du présent, jamais dans l'amour du présent. Attention : habiter le présent, cela ne veut pas dire être inculte, oublier l'histoire, ne pas avoir de projets, cela veut dire : être capable, pour autant qu'on retient le passé et qu'on envisage l'avenir, de faire en sorte qu'ils servent à enchanter le présent, à le dynamiser, pas à le relativiser au nom de dimensions du temps plus importantes que lui.

Quant au **troisième élément**, nous le retrouverons aussi chez les stoïciens. Il réside dans l'idée suivante : si le sage est celui qui parvient enfin à se réconcilier avec le cosmos, à s'ajuster à lui, à y trouver sa place et, par là même, à être à nouveau capable d'habiter le présent, alors il est aussi celui qui comprend que, l'ordre cosmique étant éternel, il n'est lui même qu'un fragment d'éternité. Alors, pour lui aussi, la mort n'est finalement qu'un passage, une transition d'un état à un autre, pas une disparition complète, pas un néant absolu, de sorte qu'il ne doit plus en avoir peur.

Le Retour d'Ulysse à Ithaque, par Gérard de Lairesse (1640-1711).

Ulysse chez les Phéaciens : le retour à Ithaque

Avant de retrouver Ithaque, Ulysse quitte l'île de Calypso sur un radeau. À nouveau, il est victime d'une terrible tempête et sauvé *in extremis* de la noyade par une nouvelle intervention divine. C'est alors qu'il s'échoue sur le pays des Phéaciens où il est accueilli par la ravissante petite Nausicaa, la fille du roi. Aidé par Athéna, il est invité au palais, et c'est là qu'en « *flash-back* » Ulysse fait le récit de ses aventures. Le roi des Phéaciens le prend en pitié, lui offre des présents somptueux, et le fait reconduire à Ithaque par ses marins (les malheureux seront bien punis de leurs bienfaits puisque Poséidon, pour se venger, obtiendra de Zeus qu'il les transforme eux et leur bateau en rocher).

Arrivé à Ithaque, toujours avec la protection d'Athéna, Ulysse déguisé en mendiant, rentrera dans son palais, massacrera les prétendants avec l'aide de son fils Télémaque puis retrouvera son père et les bras délicieux de sa ravissante et fidèle épouse, Pénélope.

Je laisse le récit de ces dernières aventures de côté pour en tirer seulement deux leçons philosophiques.

D'abord, pourquoi tant de cruauté pour terminer cette histoire ? Comme celui des Troyens, le massacre des prétendants et de leurs alliés intérieurs, les servantes qui ont couché avec eux ou l'infidèle intendant, Mêlant Ios, est abominable, d'une cruauté qui détonne avec la noblesse aristocratique qu'Ulysse est censé incarner. On pend les jeunes filles par le cou, comme des dindes accrochées à un long fil, après leur avoir fait laver le sang des prétendants ; quant à Mêlant Ios, il est pendu par les pieds, puis émasculé au couteau, avant qu'on ne découpe ses membres un à un à la hache alors qu'il est encore vivant pour les jeter devant lui aux chiens ! Répugnant et, pour le moins, fort peu magnanime ! Du reste, les familles des jeunes gens qu'Ulysse a massacrés sans la moindre pitié se révolteront contre lui, non qu'il ait eu tort de châtier ceux qui voulaient lui prendre sa femme et ses biens, mais parce que le châtiment est excessif, plein d'hybris.

À cette démesure, il y a deux raisons. D'abord, il faut observer que, dans les mythes grecs, les châtiments sont toujours à la mesure des fautes commises. Toujours ils entretiennent un lien, au sens propre « symbolique », avec les crimes qu'ils entendent punir. Qu'est-ce qu'un *symbolon*. La meilleure image qu'on puisse en donner, c'est celle des deux morceaux d'une brindille ou d'une allumette qu'on a brisée et qui s'emboîtent parfaitement l'un dans l'autre quand on essaie de les recoller. Par exemple, Tantale a péché par la nourriture, en essayant de faire manger aux dieux qu'il a invités chez lui de la chair humaine, c'est donc par la nourriture qu'il sera puni. Même chose ici. Les prétendants ont péché par *hybris*, c'est donc avec *hybris* qu'il faudra les châtier. Selon cette idée de la justice, aucune clémence n'est possible. Mais il est une seconde raison. De même que deux négations font une affirmation, c'est par le chaos qu'on met fin au chaos et qu'on retourne à l'harmonie. C'est en faisant la guerre à la guerre qu'on revient à la paix et c'est pourquoi la mise à mort des prétendants ressemble en tout point au pillage de Troie ou à celui du pays des Cicones.

> **ULYSSE CESSE ENFIN D'ÊTRE DANS LE PASSÉ OU DANS LE FUTUR, DANS LA NOSTALGIE D'ITHAQUE OU DANS L'ESPÉRANCE D'ITHAQUE. IL ATTEINT LA VIE BONNE, CELLE QUI N'EST PLUS RELATIVISÉE PAR LE PASSÉ NI PAR LE FUTUR. LE SAGE EST CELUI QUI EST CAPABLE D'HABITER LE PRÉSENT COMME S'IL ÉTAIT L'ÉTERNITÉ**

Seconde remarque sur les retrouvailles d'Ulysse et de Pénélope. Lorsque Ulysse retrouve sa femme, elle ne le reconnaît pas, ou pas tout à fait, elle n'est pas absolument certaine qu'Ulysse soit bien son Ulysse et elle lui tend un piège, une sorte de dernière épreuve avant le retour parfait à l'harmonie et à l'amour. Elle lui demande d'aller chercher le lit nuptial. Or ce lit, on ne peut pas le déplacer et pour cause : Ulysse l'a taillé dans un tronc d'olivier autour duquel il a construit la chambre à coucher ! Alors, quand il dit à Pénélope que c'est impossible, qu'il ne peut pas aller chercher le lit nuptial, elle comprend qu'il est bien qui il est, et les deux amoureux enfin s'embrassent et vont vers leur lit pour se raconter tout le temps perdu et finalement faire l'amour. C'est en ce point qu'un détail de l'histoire en donne (presque) tout le sens : les dieux, selon Homère, « distendent le temps » afin que les amants puissent bénéficier d' « une très grande nuit d'amour ». Combien de temps dure-t-elle ? On ne sait pas, puisque l'instant est distendu, mais symboliquement, cela signifie que cet instant présent, distendu, est cet instant de pure sagesse, ce moment où Ulysse cesse enfin d'être dans le passé ou dans le futur, dans la nostalgie d'Ithaque ou dans l'espérance d'Ithaque. Il atteint la vie bonne, celle qui n'est plus relativisée par le passé ni par le futur. Le sage est celui qui est capable d'habiter le présent comme s'il était l'éternité.

Thomas Degeorge, *Ulysse et Télémaque massacrent les prétendants de Pénélope*, 1812.

TROIS QUESTIONS EN GUISE DE CONCLUSION...

Pourquoi un récit en flash-back ?

L'architecture dramatique de l'*Odyssée* peut paraître en effet fort étrange puisqu'il ne commence pas par le commencement et qu'il faut attendre l'arrivée d'Ulysse chez les Phéaciens pour entendre le récit des diverses étapes de son itinéraire de Troie vers Ithaque. C'est donc à un exercice de remémoration que se livre Ulysse et on en comprend évidemment le sens philosophique : il faut qu'il se souvienne, il doit absolument tout se remémorer de son trajet pourtant si pénible, avant de pourvoir rentrer chez lui, parce qu'il doit pour ainsi dire prouver qu'il n'a pas cédé à l'oubli, qu'il n'a pas perdu de vue le sens de son voyage de la vie mauvaise vers la vie bonne.

Peut-on parler de « nostalgie » à propos d'Ulysse ? Et si oui, en quel sens ?

À première vue, on pourrait être tenté de le faire. Le mot lui-même possède une consonance grecque puisqu'il est formé à partir de *nostos*, qui vient de *nesthai*, « revenir », « rentrer chez soi » – mot d'où provient aussi le prénom « Nestor », celui qui rentre victorieusement chez lui – et de *algos*, la souffrance (d'où vient par exemple le mot « antalgique ») : la nostalgie, c'est donc le désir douloureux de rentrer chez soi. N'est-ce pas là, très exactement, ce qui anime Ulysse ? Une volonté farouche, mais contrariée, de revenir à son point de départ, « au pays », ou pour parler comme les romantiques allemands, les maîtres par excellence de la nostalgie, « *bei sich selbst* », auprès de soi-même ? Il vaut mieux, pourtant, être ici très prudent et ne pas se laisser leurrer par la magie des mots. D'abord, parce que le terme n'appartient pas au vocabulaire des Grecs. On ne le trouvera nulle part dans l'*Odyssée*, ni d'ailleurs dans aucun texte ancien. Et pour cause : il n'a été forgé que tardivement, en 1678, par un médecin suisse du nom de Harder, pour traduire un terme destiné à prendre une importance croissante au fil des siècles, et notamment au XIXe : « *Heimweh* », dont l'équivalent en français contemporain est le « mal du pays » (la formule n'apparaît qu'au XIXe siècle mais, au XVIIIe, on parle déjà de « maladie du pays »). Si nous quittons la sphère de la philologie et de l'histoire pour nous élever à celle de la philosophie, nous voyons qu'il existe en vérité trois formes bien différentes de nostalgie, que le beau livre de Kundera qui porte ce titre ne distingue pas toujours.

Il y a d'abord la nostalgie purement sentimentale, celle qui regrette tous les bonheurs perdus, quels qu'ils soient, le cocon familial, les vacances de l'enfance, les amours d'antan... Nous la ressentons tous un jour ou l'autre. Il y a ensuite la nostalgie historico-politique, celle, au sens propre du terme, « réactionnaire », qui anime toutes les « restaurations » et s'exprime volontiers dans cette formule latine : « *laudator temporis acti* » qui sert, elle aussi, de titre au joli petit livre du regretté Lucien Jerphagnon et qu'on pourrait traduire par « éloge des temps révolus » ou, plus simplement, par « c'était mieux avant », du temps de l'Atlantide, avant la civilisation moderne, l'industrie, les grandes villes, l'individualisme, la pollution, le capitalisme, etc. C'est déjà dans cette optique qu'en Allemagne et en Suisse, au XIXe siècle, les romantiques construisaient des ruines antiques au fond des jardins plutôt que des allées géométriques sur le modèle du jardin à la française comme celui de Versailles. Ils aimaient par là évoquer l'idée que, avant, c'était mieux, le temps de civilisations où les humains étaient plus nobles et plus courageux, bref, plus grandioses que de nos jours. Enfin, même si le terme est impropre, anachronique, en tout cas, il y a la nostalgie des Grecs, celle d'Ulysse, qui est avant tout cosmologique et qui tient en une formule, que j'emprunte à Aristote : « *phusis archè kinéséos* », la nature est le principe du mouvement, c'est-à-dire qu'on se meut, comme dans l'*Odyssée*, pour rejoindre le lieu naturel d'où l'on a été injustement déplacé, le but du voyage étant pour le héros de retrouver son accord perdu avec l'ordre cosmique.

Ce n'est pas essentiellement l'amour qui meut Ulysse – il n'a pratiquement jamais vu Télémaque et plus ou moins oublié Pénélope, souvent dans les bras d'une autre, de Circé ou de Calypso par exemple. C'est encore moins un projet de restauration politique qui l'anime : s'il veut remettre de l'ordre dans sa maison, ce n'est pas pour combattre je ne sais quel déclin qu'une révolution ou une vision moderne du monde aurait instauré. Non, ce qui meut Ulysse en profondeur, c'est le désir de rentrer chez lui, d'être en harmonie avec le cosmos, car cette harmonie vaut plus et mieux que l'immortalité même, celle que lui promet Calypso. En d'autres termes, s'il accepte sa condition de mortel,

CE QUI MEUT ULYSSE EN PROFONDEUR, C'EST LE DÉSIR DE RENTRER CHEZ LUI, D'ÊTRE EN HARMONIE AVEC LE COSMOS, CAR CETTE HARMONIE VAUT PLUS ET MIEUX QUE L'IMMORTALITÉ MÊME, CELLE QUE LUI PROMET CALYPSO

ce n'est pas comme s'il s'agissait d'un pis-aller, mais au contraire pour vivre mieux. Le choix de l'immortalité qui lui fut proposée l'aurait dépersonnalisé en le coupant des autres, du monde, et finalement de lui-même. Car il n'est pas cela, pas un amant de Calypso qui trahit les siens, pas un être qui oublie sa patrie, qui accepte de vivre n'importe où, au milieu de nulle part, avec une femme qu'il n'aime pas vraiment… Non, cela, ce n'est pas Ulysse. Et pour être ce qu'il est réellement, il lui faut accepter la mort, non sous la forme d'une résignation, mais au contraire comme un moteur : celui qui le pousse coûte que coûte à retrouver son point de départ. Telle est la façon dont le sage doit vivre la construction cosmologique que nous n'avions jusqu'à présent envisagée que du point de vue des dieux. Et tel est bien, du coup, le premier visage de la sagesse pour les mortels, de la spiritualité laïque que la mythologie grecque va pour ainsi dire léguer à la philosophie. Et cette sagesse, qu'Ulysse, le premier sans doute dans la littérature, parvient à incarner parfaitement, possède, il faut bien l'avouer, un très grand charme.

D'où vient la séduction d'Ulysse ?

On le sait, il est rusé. On l'a compris aussi : il est vigoureux, habile, courageux. Tout cela est avéré. Mais il y a plus, beaucoup plus : Ulysse est un homme, « un vrai », comme on dit dans les romans à l'eau de rose, qui n'est ni immortel ni oublieux de son monde, mais néanmoins sage, rempli d'expérience et, pour cette raison, incroyablement séduisant. Ulysse, comme on l'a vu à maintes reprises, est d'un naturel curieux. Il aime comprendre, savoir, connaître, découvrir des pays, des cultures, des êtres différents de lui. Dès les premières lignes de l'*Odyssée*, on apprend qu'il n'est pas seulement « l'homme aux mille tours », comme dit Homère, ni le « pilleur de Troie ». Il possède au plus haut degré ce que Kant nommera la « pensée élargie » : la curiosité pour autrui, cette volonté constante d'élargir l'horizon qui le conduit au désastre chez le Cyclope, Polyphème, mais qui, au final, fait de lui un véritable humain, un homme auquel aucune femme ne résiste parce qu'il est solide et qu'il a mille choses à raconter.

Un jour, une journaliste brésilienne m'a posé une question qui, sur le coup, m'a semblé étrange. Comme je parlais de cette fameuse « pensée élargie », en évoquant Ulysse, Kant et un poème de Victor Hugo, *Booz en-*

Ulysse et Pénélope (1802), huile sur toile de Johann Tischbein (1751-1829).

dormi, que j'ai souvent cité dans mes livres, elle m'a demandé pourquoi, après tout, il était à mes yeux si important « d'élargir la pensée ». Elle m'a fait observer que, sur la plage, à Copacabana, à côté de l'endroit où nous parlions, il y avait plein de jeunes gens, insouciants et musclés, bronzés à souhait et heureux de vivre leur vie comme un jeu innocent et incessant : pourquoi les détourner de leurs divertissements si agréables ? Et surtout, en admettant même que je trouve par impossible une réponse, comment les convaincre de quitter la plage et les jeux pour se plonger dans la lecture d'Homère ou pour élargir l'horizon par quelque voyage, fût-il autre qu'intellectuel ? J'ai aussitôt pensé à la réponse qu'auraient sans doute pu faire Ulysse aussi bien que Hugo : aucune femme ne peut vivre bien longtemps avec un enfant gâté, qui ne connaît rien, qui n'a rien à raconter. S'il est très jeune et très beau, elle peut aimer le mettre dans son lit, comme les nymphes le font avec les compagnons d'Ulysse. Mais avec une déesse comme Circé ou Calypso, avec une femme de tête comme Pénélope, il ne fait pas le poids. Voilà aussi pourquoi Ulysse enfonce tous les prétendants, tous ces jeunes gens riches et, sans doute, eux aussi, forts et beaux, non seulement par la ruse et la vigueur – qui lui viennent des dieux –, mais par la séduction de l'homme accompli, qui vient de lui, de son voyage et de ses épreuves, de ce qu'il a su en faire, et de nulle part ailleurs. Ulysse aurait pu être éternellement jeune, beau et fort. N'oublions pas que c'est en pleine connaissance de cause, après avoir vu la mort en face, qu'il choisit de vieillir et d'accepter de mourir un jour, parce que, à tout prendre, ce sort, quoique funeste, est la condition de l'accès à cette humanité qui, seule, peut faire d'un homme un être réellement singulier et, par là même, charmant.

Luc Ferry

Ulysse et Nausicaa, par Tischbein (1751-1829).

POUR ALLER PLUS LOIN

RÉSUMÉ DE L'ODYSSÉE

Chant I : Au début de l'*Odyssée*, Ulysse est retenu captif sur l'île de la nymphe Calypso : il ne peut rentrer chez lui à Ithaque et retrouver sa femme Pénélope ainsi que son fils Télémaque. Alors que les dieux sont réunis en assemblée sur le mont Olympe, Athéna plaide en faveur de son retour. Elle se rend à Ithaque et conseille à Télémaque de se mettre à la recherche de son père en allant se renseigner auprès de Nestor et de Ménélas, le mari d'Hélène.

Chant II : Télémaque réunit l'assemblée du peuple à Ithaque et exige des prétendants qu'ils partent, mais en vain. Il embarque peu après en cachette en ayant fait jurer à sa nourrice de ne pas en avertir sa mère Pénélope.

Chant III : Télémaque et Athéna sont accueillis par Nestor à Pylos, mais ce dernier ne peut donner de renseignements sur Ulysse. Il demande cependant à son fils d'accompagner Télémaque à Sparte, chez Ménélas.

Chant IV : Ménélas, grâce à la capture de Protée aux multiples formes, a appris que son frère Agamemnon était mort et qu'Ulysse était retenu sur l'île de la nymphe Calypso. Pendant ce temps-là, les prétendants préparent une embuscade pour se débarrasser de Télémaque.

Chant V : Hermès vient voir Calypso et lui transmet le message de Zeus : elle doit libérer Ulysse. Poséidon en colère détruit le radeau d'Ulysse qui réussit à atteindre une plage de Phéacie sur laquelle il tombe d'épuisement.

Chant VI : Nausicaa, la fille du roi Alcinoos, avertie en songe par Athéna d'aller laver son linge, trouve Ulysse sur la plage, lui donne des vêtements et de la nourriture et l'accompagne vers la ville, le laissant dans un bois, le temps d'aller au palais.

Chant VII : Durant son attente, Ulysse rencontre une petite fille, en réalité Athéna, qui le conduit au palais d'Alcinoos. Le roi accueille Ulysse auprès de lui.

Chant VIII : Les Phéaciens préparent un navire pour le retour d'Ulysse à Ithaque. Le roi organise des jeux pendant lesquels un aède chante la querelle entre Ulysse et Achille. Alcinoos interroge Ulysse sur les raisons de ses larmes et sur l'histoire de sa vie.

Chant IX : Ulysse débute le récit de ses aventures. Après la chute de Troie, il raconte ce qui lui est arrivé chez les Cicones, comment il a échappé aux Lotophages, puis aveuglé le Cyclope Polyphème, ce qui a provoqué la colère de Poséidon, son père.

Chant X : Suite du récit d'Ulysse. Après que l'équipage d'Ulysse a laissé échapper tous les vents mauvais d'une outre donnée par Éole, la flotte aborde chez les Lestrygons : ces géants cannibales détruisent toute la flotte, à l'exception du vaisseau d'Ulysse, qui atteint une île où réside Circé. Cette dernière transforme les compagnons d'Ulysse en porcs, mais la magicienne finit par leur redonner une forme humaine, grâce à l'intervention d'Hermès. Circé conseille à Ulysse d'aller interroger le devin Tirésias dans l'Hadès.

Chant XI : Ulysse est dans l'Hadès. Il converse avec sa mère, Anticlée, et voit les ombres de ses anciens compagnons, héros de la guerre de Troie. Il s'entretient avec eux et notamment avec Achille qui se lamente sur son sort. Le devin Tirésias lui donne des conseils pour rentrer chez lui.

Chant XII : Ulysse raconte encore son retour chez Circé d'où il part en se faisant attacher au mât de son navire pour ne pas se laisser séduire par les Sirènes. Il doit ensuite affronter les pierres planctes, puis les monstres Charybde et Scylla. Dans une île isolée, ses compagnons commencent à manger les bœufs du dieu Soleil : ils partent à la hâte à cause de ce sacrilège, mais leur navire est détruit et Ulysse, seul rescapé, arrive chez Calypso.

Chant XIII : Les Phéaciens reconduisent Ulysse dans son île natale, où il arrive sous les traits d'un mendiant.

Chant XIV : Ulysse converse avec son porcher Eumée, qui ne le reconnaît pas.

Chant XV : Télémaque, prévenu en songe par la déesse Athéna, rentre à Ithaque, évite l'embuscade tendue par les prétendants et se rend dans la maison du porcher Eumée.

Chant XVI : Grâce à Athéna, Télémaque reconnaît son père. Ils se concertent pour savoir quelle manière adopter afin de châtier les prétendants.

Chant XVII : Ulysse et son fils arrivent à Ithaque séparément. Ulysse, toujours sous les traits d'un mendiant, assiste au festin des prétendants et se fait insulter et frapper par leur chef, Antinoos.

Chant XVIII : Ulysse se bat contre un autre mendiant et l'emporte. Les prétendants offrent des présents à Pénélope et refusent de quitter le palais avant qu'elle n'ait choisi l'un d'eux.

Chant XIX : Avec la complicité de Télémaque, Ulysse cache des armes. Il parle avec Pénélope : elle ne le reconnaît pas, mais lui explique qu'elle pense que son époux est toujours en vie. Euryclée, la vieille nourrice d'Ulysse, lui lave les pieds et réalise qu'il s'agit de son maître, reconnaissant une blessure datant de sa jeunesse.

Chant XX : Ulysse observe les serviteurs qui lui sont restés fidèles. Les prétendants s'impatientent au cours du banquet donné à l'occasion de la fête d'Apollon.

Chant XXI : Pénélope a promis de se marier avec celui des prétendants qui arriverait à bander l'arc d'Ulysse. Tous échouent tandis qu'Ulysse, toujours méconnaissable, triomphe de l'épreuve.

Chant XXII : Ulysse – qui a révélé enfin sa véritable identité – et Télémaque tuent l'ensemble des prétendants.

Chant XXIII : Après le massacre des prétendants, Pénélope met Ulysse à l'épreuve en lui parlant du lit conjugal dont il est le seul à pouvoir connaître la particularité. Elle est définitivement rassurée et Ulysse lui raconte brièvement ses aventures.

Chant XXIV : Hermès transporte les âmes des prétendants dans l'Hadès. Les habitants d'Ithaque se révoltent contre la tuerie et tentent de se venger d'Ulysse, qui se réfugie chez son père Laërte. Grâce à l'intervention d'Athéna, Ulysse se réconcilie avec ses sujets.

Brigitte de Zélicourt

GLOSSAIRE

CALYPSO

● Après avoir perdu la plupart de ses compagnons dans le gouffre de Charybde, Ulysse trouve refuge sur l'île de la nymphe Calypso. Cette dernière, qui tombe éperdument amoureuse d'Ulysse, réussit à le charmer et à le retenir chez elle durant sept ans, allant même jusqu'à lui offrir l'immortalité et la jeunesse s'il consent à rester avec elle, ce que le héros grec refuse. Ce sont les dieux qui, finalement, ordonnent à Calypso de laisser enfin repartir Ulysse.

CHEVAL DE TROIE

● Alors que les combats se succèdent depuis dix ans et que les murs de la ville de Troie sont toujours intacts, Ulysse aux mille ruses imagine de faire construire un immense cheval en bois, d'y faire entrer des guerriers, tout en faisant croire que la flotte grecque abandonne la partie. Les Troyens tombent dans le piège, introduisent le cheval dans leur mur, croyant ainsi s'attirer les faveurs de la déesse Athéna pour laquelle les Grecs avaient construit ce cadeau. Les guerriers grecs profitent de la nuit pour sortir du cheval et venir à bout de leur ennemi à la suite d'un effroyable massacre.

CIRCÉ

● La très puissante magicienne Circé, qualifiée par Homère d'« experte en de multiples drogues ou poisons », vit sur l'île d'Aiaié où Ulysse aborde après avoir une nouvelle fois essuyé des tempêtes destinées à empêcher son retour à Ithaque. La magicienne transforme les compagnons de route d'Ulysse en pourceaux après leur avoir fait boire un breuvage à sa façon. Grâce à l'intervention du dieu Hermès, Ulysse obligera Circé à rendre à ses compagnons leur apparence humaine, et passera même une année sur l'île de Circé.

CYCLOPES

● Éclair, Foudre et Tonnerre, les Cyclopes de la première génération, ont offert leurs armes à Zeus pour le remercier de les avoir délivrés. En dehors de leur œil unique au milieu du front, ils n'ont cependant rien de commun avec ceux dépeints par Homère. Ulysse et ses compagnons, lors de leur voyage de retour vers Ithaque, devront combattre le Cyclope Polyphème. En lui crevant l'œil, ils provoquent la colère de Poséidon, son père, et sont poursuivis par le désir de vengeance implacable de ce dernier.

ENFERS

● Il s'agit du lieu où se rendent toutes les âmes, sans distinction aucune, après la mort et sur lequel règne le dieu Hadès. Toutes ces âmes y demeurent sous forme d'ombres transparentes, dépersonnalisées, ce qui caractérise la mort aux yeux des Grecs. Ulysse, obligé de descendre aux enfers au cours de son odyssée, est terrifié à la vue de ce peuple indistinct, de ces ombres que l'on ne peut identifier. Le devin Tirésias, qu'il est descendu voir, lui donne des indications pour lui permettre de regagner Ithaque.

ILIADE

● L'*Iliade* est un poème constitué de vingt-quatre chants, que l'on attribue généralement à Homère. Il raconte non pas la guerre de Troie dans son intégralité, comme on a tendance à le penser, mais quelques jours de la dixième année du conflit qui oppose les Grecs et les Troyens depuis que Pâris a enlevé Hélène, la femme du roi Ménélas. Achille en est l'un des héros les plus importants.

ITHAQUE

● Ithaque est la ville de naissance d'Ulysse dont il devient le roi à la suite de son père Laërte. Lorsque Homère évoque le royaume d'Ulysse, il parle de quatre îles correspondant à l'actuel archipel des îles ioniennes au large de la côte occidentale de la Grèce. Ulysse quitte Ithaque au moment du déclenchement de la guerre de Troie et mettra vingt ans avant de pouvoir y revenir.

JARDIN DES HESPÉRIDES

● Dans la mythologie grecque, les Hespérides sont les nymphes du Couchant, filles de la Nuit, qui ont pour charge de veiller sur les pommes d'or du jardin fabuleux où elles résident. La déesse Héra les a chargées de cette mission, et elles sont aidées en cela par le dragon Ladon. C'est de ce jardin enchanté que provient la sublime pomme d'or jetée par la divinité Éris lors du banquet donné à l'occasion du mariage de Thétis et Pélée.

LESTRYGONS :

● Au hasard de leur navigation, et comme ils sont à nouveau totalement perdus, Ulysse et ses compagnons abordent à Télépyle, le pays des Lestrygons. Ils ne tardent pas à se rendre compte que ces géants ne sont pas des « mangeurs de pain », mais bien des cannibales. Prenant la fuite aussi vite que possible, ils tentent de regagner leurs navires qui seront tous détruits, fracassés contre les rochers, à l'exception de celui d'Ulysse. Celui-ci en réchappera avec ses seuls hommes d'équipage.

LOTOPHAGES

● Ulysse et ses hommes arrivent exténués sur une île où les habitants semblent très hospitaliers. Mais leur nourriture principale, une sorte de plante appelée « lotos », d'où le nom de « Lotophages » – *phagos* en grec signifiant « manger » –, a la propriété de faire oublier à ceux qui en mangent qui ils sont et d'où ils viennent. Ulysse doit rembarquer ces hommes de force afin d'échapper à ce danger des plus terribles qu'est l'oubli, et auquel il sera confronté de nombreuses fois au cours de son périple.

NYMPHES

● Divinités secondaires, les nymphes sont figurées sous les traits de très belles jeunes femmes qui, personnifiant divers éléments de la nature, peuvent en prendre l'apparence. Plusieurs catégories les distinguent : les Dryades sont plus particulièrement liées aux chênes, les Méliades aux frênes, les Naïades aux sources, les Oréades aux montagnes, etc.

ODYSSÉE

● Composé de vingt-quatre chants, l'*Odyssée*, attribué à Homère, conte notamment les aventures d'Ulysse pour regagner Ithaque, après la fin de la guerre de Troie. Les quatre premiers chants, après une ouverture sur le séjour d'Ulysse chez Calypso, rapportent les recherches de Télémaque, parti en quête de son père. Les chants suivants, jusqu'au chant XIII, décrivent plus précisément les aventures d'Ulysse, qui les racontent au chant V, dans une sorte de flash-back, alors qu'il a fait naufrage chez les Phéaciens. Les derniers chants retracent son retour à Ithaque, la manière dont il se venge des prétendants et retrouve enfin sa femme et son fils.

OLYMPE

● Le mont Olympe est la plus haute montagne de Grèce, avec un sommet qui culmine à 2 917 mètres. Ce sommet étant invisible, caché par les nuages ou sous la neige, les Anciens se sont ainsi figurés que c'était là que siégeaient les dieux, Zeus à leur tête, festoyant et contemplant le monde. Homère dépeint cet Olympe comme l'endroit par excellence où les dieux, à l'abri des intempéries, vivaient dans le plus parfait bonheur, s'immisçant pour leur loisir dans les destins des hommes.

OLYMPIENS

● Les Olympiens sont les divinités grecques qui vivent au sommet du mont Olympe et dont Zeus est la plus puissante. Leur nombre peut varier et monter jusqu'à quatorze. Ce sont : Zeus, Héra, Poséidon, Arès, Héphaïstos, Athéna, Apollon, Artémis, Hermès, Hadès, Déméter, Hestia, Aphrodite et Dionysos.

POMME DE DISCORDE

● Au milieu du mariage de Thétis et Pélée, Éris, la déesse de la discorde, qui n'avait pas été conviée, jeta au milieu des convives une pomme d'or où était inscrit : « À la plus belle. » Le jeune berger Pâris, en réalité l'un des enfants de Priam, mais abandonné à sa naissance en raison d'un oracle, fut choisi pour trancher la question. Il l'attribua à Aphrodite qui lui avait promis en échange la plus belle femme du monde ; celle-ci n'était autre que la belle Hélène, que Pâris enleva, provoquant ainsi le début de la guerre de Troie.

PRÉTENDANTS

● En l'absence d'Ulysse qui est parti combattre aux côtés des Grecs, les jeunes nobles venus d'Ithaque ou d'autres îles grecques, persuadés que le roi est mort depuis longtemps, veulent prendre sa place à la tête d'Ithaque, mais aussi auprès de sa femme. Leur prétention à la couronne et à la main de Pénélope ainsi que leur conduite inqualifiable conduiront Ulysse, lors de son retour, à tous les massacrer avec l'aide de son fils Télémaque.

SIRÈNES

● Contrairement à ce qui est souvent écrit ou représenté, les Sirènes, qui charmaient par leur chant les marins passant au large de leur île, n'étaient pas de séduisantes jeunes femmes dont le bas du corps était une queue de poisson, mais bien plutôt des êtres hybrides à corps d'oiseau et à buste de femme. Ulysse demande à ses marins de se mettre de la cire dans leurs oreilles pour ne pas entendre leur chant et se fait lui-même attacher au mât de son navire pour, toujours très curieux, découvrir ces chants merveilleux.

TITANS

● Les Titans, d'une taille gigantesque, sont les enfants des premiers dieux Ouranos (personnification du ciel) et Gaïa (personnification de la terre). Ils étaient au nombre de douze, six garçons, les Titans, et six filles, les Titanides. Chronos et Rhéa, parents de Zeus et de ses frères et sœurs, figurent parmi eux.

TROIE

● Troie – aussi appelée Ilios ou Ilion, du nom de son fondateur Ilos – est une cité antique de l'Asie Mineure, tout près du détroit des Dardanelles. Henri Schliemann, archéologue allemand, découvre entre 1872 et 1873 les vestiges de ce qu'il pense être la ville de Troie, la ville du roi Priam, actuelle Hisarlik. Il met au jour sept villes superposées. Passionné par l'*Iliade*, Schliemann s'était mis en tête de prouver que le récit s'appuyait sur des événements et lieux réels. L'Unesco a inscrit en 1998, sur la liste de son patrimoine historique, le site d'Hisarlik sous le nom de « Site archéologique de Troie ».

B. Z.

LES PRINCIPAUX DIEUX DE L'OLYMPE

ZEUS

● Zeus est le roi des dieux, le maître de l'Olympe. Les symboles de sa puissance sont la foudre, l'éclair et le tonnerre, armes respectivement données par les Cyclopes Argès, Stéropès et Brontès pour le remercier de les avoir délivrés des entrailles de la terre. Les frères et sœurs de Zeus sont : Hestia, Poséidon, Hadès, Déméter et Héra.

HÉRA

● Héra, la déesse « aux bras blancs », dont les mortels et les immortels célèbrent la beauté, est l'épouse légitime de Zeus, elle est l'impératrice. Mais très souvent trompée par son infidèle mari, elle est également connue pour sa grande jalousie qui l'amène à poursuivre de sa haine les maîtresses de celui-ci.

APHRODITE

● Tout à la fois déesse de la beauté et de l'amour, Aphrodite excelle aussi dans l'art du mensonge et de la ruse. C'est elle que le prince troyen Pâris a désignée comme étant la plus belle en lui offrant la pomme de discorde.

APOLLON

● Fils de Zeus et de Léto, frère jumeau d'Artémis, Apollon est assurément le plus beau des dieux, l'un des plus intelligents aussi, et le plus doué dans le domaine de la musique et de la médecine. Il est par ailleurs l'inspirateur du plus fameux des oracles, celui de Delphes. Sur son temple sont gravés : « Connais-toi toi-même » et « Rien de trop. »

ARTÉMIS

● Déesse de la chasse, sœur jumelle d'Apollon, Artémis peut être redoutable et cruelle. Ainsi, aperçue nue – véritable sacrilège – par un jeune homme, elle n'hésita pas à le changer en cerf et à le faire dévorer vivant par ses chiens.

HESTIA

● Moins connue en général que les autres dieux de l'Olympe, Hestia est la divinité du foyer qui protège les familles et les maisons. En tant que fille aînée de Cronos et de Rhéa, elle a en conséquence été la première à être avalée par son père et la dernière à être recrachée.

ARÈS

● Dieu de la guerre incarnant le déchaînement des combats où la violence fait rage, Arès est brutal, voire sanguinaire. Malgré sa force, il est cependant moins intelligent et moins fort que sa sœur Athéna.

ATHÉNA

● Zeus a avalé Métis, sa première femme alors enceinte, de peur que son enfant, si c'était un fils, ne lui prenne sa place. Et c'est ainsi qu'Athéna serait née directement de la tête de Zeus, dont elle est la fille préférée. C'est une divinité de la guerre, mais plus intelligente et rusée que ne l'est Arès, son frère.

HÉPHAÏSTOS

● Jeté du haut de l'Olympe par Zeus à la suite d'une altercation entre ce dernier et Héra, Héphaïstos le « dieu boiteux », dieu des forgerons, est d'une habileté diabolique dans son art. Malgré son imperfection physique, il n'en a pas moins épousé Aphrodite, la plus belle des déesses.

HERMÈS

● Messager de Zeus, son intermédiaire dans tous les sens du terme, Hermès est à ce titre aussi bien le dieu des journalistes que celui des commerçants ou des voleurs. Interprétant les ordres de Zeus, il a par ailleurs donné son nom à l' « herméneutique », la science de l'interprétation des textes.

HADÈS

Il règne sur les enfers, sur le monde souterrain, avec sa femme Perséphone, la fille de Déméter. C'est le dieu le plus craint – y compris par les habitants mêmes de l'Olympe – et, à ce que l'on dit, le plus riche, car il règne sur le peuple le plus nombreux, celui des morts. Cerbère, ce chien énorme à trois têtes, garde l'entrée de son palais.

POSÉIDON

● Dieu de la mer, Poséidon déclenche les ouragans et les tempêtes à l'aide de sont trident (donné par les Cyclopes) dont il frappe le sol. C'est de là que lui vient son sur nom d'« Ébranleur de la terre ». Sa progéniture compte de nombreux monstres turbulents, dont le Cyclope Polyphème auquel Ulysse crèvera l'œil.

DIONYSOS

● Fils de Zeus et de la princesse Sémélé, Dionysos est arraché des entrailles de sa mère alors que cette dernière achève de se consumer pour avoir voulu regarder Zeus, follement lumineux, dans toute sa réalité. Ce dernier coud alors le fœtus dans sa cuisse pour mener la gestation à terme, d'où l'origine de l'expression : « Être né de la cuisse de Jupiter. »

DÉMÉTER

● Déesse des saisons et des moissons, Déméter fait pousser plantes et fleurs. Sa fille Perséphone, enlevée aux enfers par Hadès, lui sera rendue à raison de six mois par an, ce qui explique que rien ne pousse en hiver. En revanche, lorsque Perséphone rejoint Déméter au printemps, la joie est de retour ainsi que le soleil, et tout revit

B. Z.

EXPRESSIONS MYTHOLOGIQUES

AVOIR UN MENTOR

● Un mentor est un guide, un précepteur, un conseiller avisé, riche de sagesse et d'expériences. Mentor est, à l'origine, le nom du fils d'Alkiménos. Avant de partir pour le siège de Troie, Ulysse (*Odysseus*) lui confie l'administration de ses biens et l'éducation de son fils Télémaque (*Tèlémakhos*). Personnage de l'*Odyssée* d'Homère, Mentor (*Mentôr*) tient aussi un rôle essentiel dans *Les Aventures de Télémaque* que Fénelon écrivit en 1699. Pour apporter conseils et protection à Ulysse comme à Télémaque, Athéna prend souvent les traits de Mentor, comme dans cet extrait du chant XXII de l'*Odyssée* : « Et Athènè, fille de Zeus, approcha, ayant la figure et la voix de Mentôr. Et Odysseus, joyeux de la voir, lui dit : "Mentôr, éloigne de nous le danger et souviens-toi de ton cher compagnon qui t'a comblé de biens, car tu es de mon âge*." »
Le nom commun, attesté dès le début du XVIIIe siècle, notamment dans des titres d'ouvrages pédagogiques, est souvent utilisé dans les domaines littéraire (Maupassant reconnaissait son mentor dans Flaubert), artistique (on a prétendu, peut-être à tort, qu'Auguste Rodin avait été le mentor de Camille Claudel), politique (tel Premier ministre affirme, par exemple, que tel président de la République n'a jamais été son mentor), etc.
*Traduction de Leconte de Lisle.

DES CONDITIONS SPARTIATES

● La ville de Sparte, qui se situe dans la plaine de Laconie, est la ville des « Spartoi », des « semés », en grec. Ces guerriers taiseux, laconiques, ont en effet été semés à partir des dents d'un dragon et sont nés de la terre, proches du chaos initial, tout armés et casqués, voués d'emblée à la guerre et à la violence. Le jeune Spartiate ne pouvait obtenir son statut de citoyen qu'après avoir été soumis à un entraînement physique et psychique développant sa pugnacité ainsi qu'un sens aigu de la discipline et de l'obéissance. Ces pratiques éducatives, indispensables pour accéder à la classe dirigeante, constituaient *l'agôgè* (du grec *agôgia* issu du verbe *agein*, « mener, conduire »). Ainsi, pendant toute leur enfance, les jeunes Spartiates devaient endurer des conditions de vie austères et inconfortables telles que dormir par terre ou sur des paillasses, ne posséder qu'un seul vêtement pour toute une année, marcher pieds nus, etc.
À l'origine d'une telle éducation, les lois de Lycurgue, législateur du IXe siècle av. J.-C. auquel Plutarque consacre un livre. On y lit notamment ceci : « Ils n'apprenaient, en fait de lettres, que l'indispensable ; tout le reste de leur instruction consistait à savoir obéir, à endurer courageusement la fatigue, à vaincre au combat. À mesure qu'ils avançaient en âge, on les appliquait à des exercices plus forts. » (*Vie de Lycurgue* in *Vie des hommes illustres*, traduction d'Alexis Pierron, 1853.)
Du substantif *spartiate*, Littré donne deux définitions (sens propre et sens figuré) : « 1. Homme appartenant à la classe aristocratique de la république lacédémonienne

[...] 2. Homme rigide tant au physique qu'au moral. »
En 1847, l'adjectif *spartiate* intègre notre lexique pour qualifier ce qui est digne des anciens citoyens de Sparte, notamment ce qui évoque leur rigueur, leur austérité, comme dans *éducation spartiate, mœurs spartiates, conditions spartiates, confort spartiate,* etc.

CÉDER AUX CHANTS DES SIRÈNES

● Le valeureux Ulysse aurait sans doute succombé au chant des Sirènes si, lors de son séjour forcé dans l'île Aiaiè, il n'avait appris de l'enchanteresse Circé comment se protéger d'une telle calamité. Alors, parvenu aux abords du détroit de Messine, Ulysse, seul autorisé à écouter ces voix divines, demande à ses compagnons de l'attacher solidement au mât et leur ordonne de se boucher les oreilles avec de la cire. Bien lui en prend car, au dire du hardi navigateur, les Sirènes « chantèrent leur chant harmonieux [...] faisant résonner leur belle voix et mon cœur voulait les entendre ; et, en remuant les sourcils, je fis signe à mes compagnons de me détacher ; mais ils agitaient plus ardemment les avirons ; et, aussitôt, Périmèdès et Eurylokhos, se levant, me chargèrent de plus de liens. Après que nous les eûmes dépassées et que nous n'entendîmes plus leur voix et leur chant, mes chers compagnons retirèrent la cire de leurs oreilles et me détachèrent. » (*L'Odyssée*, chant XII, traduction de Leconte de Lisle.)
Une autre tradition rapportée par Apollodore nous apprend qu'Orphée, le mythique aède de Thrace dont le talent de chanteur et de joueur de lyre était exceptionnel, se confronta au chant des Sirènes lors de l'expédition des Argonautes : humiliées par son génie musical, les Sirènes se précipitèrent dans l'Océan où elles furent transformées en rochers.
De nos jours, *céder au chant des sirènes*, c'est ne pas avoir assez de volonte pour résister à la tentation, se laisser séduire par une offre alléchante mais qui peut se révéler désastreuse.
Il est assez étonnant de constater que saint Bernard de Clairvaux (1091-1153), semblant porter crédit au mythe grec, compare les « femmes du monde » aux sirènes pour exhorter sa « Très chère Sœur » à fuir leur chant : « [...] fuyez le chant des sirènes, de crainte que, en entendant, avec plaisir, parler des jouissances de la terre, vous ne soyez détournée du droit chemin. Que sont, en effet, les conversations des femmes du monde, sinon des chants de sirène ? Fuyez donc le chant de ces sirènes, et fermez les oreilles aux paroles de la femme qui vous donne des conseils dangereux. » (*Livre de la manière de bien vivre*, chapitre 57, *De la fuite des femmes du monde.*)

OUVRAGE (TOILE) DE PÉNÉLOPE

● Quelle fidélité ! Quelle constance ! Quelle conviction !
Pénélope (Pênelopeia) attend dans son palais d'Ithaque le retour de son royal mari, Ulysse (Odysseus), valeureux guerrier et courageux voyageur, et l'attente est longue :

vingt ans ! Dix à guerroyer pour libérer Hélène de Troie et dix autres à bourlinguer sur la Méditerranée, de l'Asie Mineure aux Colonnes d'Hercule, voire, selon le navigateur Alain Bombard, dans l'Atlantique jusqu'à l'Islande. « Heureux qui, comme Ulysse, a fait un beau voyage », prétend le poète*, mais, restée au foyer, Pénélope connaît bien des tourments, en l'occurrence la grossièreté de ses prétendants, nobles d'Ithaque et des îles alentour venus s'installer au palais pour passer du bon temps et dilapider la fortune d'Ulysse. Malgré l'opposition de Télémaque, son jeune fils (Têlemakhos) et les efforts du vieux Mentor, la fidèle épouse a bien du mal à repousser les avances de ces postulants au trône d'Ithaque. Dans l'*Odyssée*, ils sont une quinzaine. À force d'insistance et de prétendre Ulysse mort, ils ont réussi à arracher, des lèvres de Pénélope, la promesse suivante : elle choisira son futur époux parmi eux dès qu'elle aura terminé de tisser le linceul de Laërte, le père d'Ulysse. Mais sa promesse cache une ruse :

« Elle parla ainsi, et notre cœur généreux fut aussitôt persuadé. Et, alors, pendant le jour, elle tissait la grande toile, et, pendant la nuit, ayant allumé les torches, elle la défaisait. Ainsi, trois ans, elle cacha sa ruse et trompa les Akhaiens. » (L'*Odyssée*, chant II, traduction de Leconte de Lisle.)

Ainsi la toile de Pénélope est-elle devenue la métaphore de l'ouvrage commencé mais jamais fini. Dans ses *Causeries du lundi*, Sainte-Beuve dit, en parlant du dictionnaire (de l'Académie) : « [...] cette toile de Pénélope de la langue » (Causeries du lundi 30 août 1832 à propos de Bernardin de Saint-Pierre).

*Joachim Du Bellay, *Les Regrets*.

Par Jean Maillet, d'après *500 expressions populaires* (Éditions de l'Opportun)

EXTRAITS

SÉNÈQUE, DE LA BRIÈVETÉ DE LA VIE

Traduction par J. Baillard, Hachette, 1914.

[...] La vie se partage en trois époques : celle qui est, celle qui fut, celle qui sera. Celle que nous traversons n'est bientôt plus ; ce qui est devant nous est incertain ; le passé seul et assuré : c'est là que la Fortune a perdu ses droits, c'est là ce qui ne peut retomber à la discrétion de personne. Voilà ce que perdent les hommes stérilement occupés : ils n'ont pas le loisir de tourner leur regard en arrière, et, quand ils l'auraient, trop d'amertume s'attache aux souvenirs qui sont des remords. Ils reportent à regret leur pensée sur une époque mal employée ; ils n'osent toucher à ces désordres dont l'immoralité se voilait sous la séduction du plaisir présent : la plaie se rouvrirait au contact. Il n'est que l'homme qui a dans tous ses actes suivi l'arrêt de sa conscience, laquelle ne se trompe jamais, il n'est que cet homme qui revienne avec charme vers le passé. Quand on s'est longtemps laissé aller aux rêves de l'ambition, aux dédains de l'orgueil, aux abus de la victoire, aux ruses de la déloyauté, aux exactions rapaces, aux prodigalités ruineuses, il faut bien que l'on tremble devant ses souvenirs. Le passé cependant est une portion de notre vie désormais sacrée, inviolable, hors de l'atteinte des événements humains, soustraite à l'empire du sort : ni le besoin, ni la crainte, ni l'invasion des maladies ne peuvent la troubler. On ne saurait nous la contester ni nous la ravir : la jouissance en est aussi constante qu'inaltérable. Le présent n'a qu'un jour et même qu'un moment à la fois ; le passé offre tous ses jours ensemble, dociles à ton appel et se laissant considérer et retenir à volonté : mais l'esclave du vice n'a pas ce loisir-là. Il n'appartient qu'à l'âme calme et rassise de passer en revue tous les âges qu'elle a franchis ; les autres âmes sont sous le joug : impossible à elles de tourner la tête et de regarder en arrière. Leur vie s'est allée perdre dans un abîme ; et comme on a beau toujours verser dans un crible où manque le fond qui reçoit et qui garde, de même qu'importe quelle mesure de temps on prodigue à ceux qui n'ont point place pour y rien déposer : âmes fêlées et percées à jour, tout passe au travers. Le présent est bien court, si court même qu'il semble à plusieurs qu'il n'est point. Il fuit en effet d'une fuite éternelle ; il coule et se précipite ; il a cessé d'être plus tôt qu'il n'est venu ; il est aussi peu stationnaire que les cieux ou les astres, dont l'active et continuelle rotation ne les laisse jamais au même point de l'espace. Les hommes à préoccupations ne possèdent donc que le présent, si rapide qu'il est insaisissable ; et les mille soins qui les partagent le leur dérobent encore.

HISTOIRE D'HÉRODOTE

Traduction par Larcher, 1850

« *Vie d'Homère* attribuée à Hérodote »

I. Hérodote d'Halicarnasse, ne cherchant que la vérité, a composé cette histoire de la naissance et de la vie d'Homère.

[...]

III. Crithéis, étant près de son terme, sortit un jour avec d'autres femmes pour se rendre à une fête que l'on célébrait sur les bords du Mélès. Les douleurs de l'enfantement la surprirent : elle accoucha d'Homère qui, loin d'être aveugle, avait d'excellents yeux. Elle lui donna le nom de Mélésigènes, parce qu'il était né sur les bords de ce fleuve.

[...]

IV. Il y avait alors à Smyrne un homme nommé Phémius, qui enseignait les belles lettres et la musique. Comme il n'était pas marié, il prit à ses gages Crithéis, afin qu'elle lui filât les laines qu'il recevait de ses disciples pour le prix de ses soins. Elle s'en acquitta avec beaucoup d'adresse, et se conduisit avec tant de sagesse et de modestie, qu'elle lui plut. Il lui proposa de l'épouser ; et, entre autres discours qu'il lui tint pour l'y engager, et qu'il crut les plus propres à l'amener à son but, il lui promit d'adopter son fils, lui faisant espérer que cet enfant, élevé avec soin et instruit par lui, deviendrait un jour un homme de mérite : car il apercevait déjà dans cet enfant de la prudence et un heureux naturel. Crithéis, touchée de ses offres, consentit à l'épouser.
V. Les soins et l'excellente éducation secondant les heureuses dispositions qu'il tenait de la nature, Mélésigènes surpassa bientôt tous ses condisciples ; et, lorsqu'il fut devenu grand, il ne fut pas moins habile que son maître. Phémius mourut, et lui laissa tous ses biens ; sa mère Crithéis ne survécut pas longtemps à son mari. Mélésigènes, devenu son maître, présida à l'école de Phémius. Tout le monde avait les yeux sur lui. Il excita l'admiration non seulement des habitants de Smyrne, mais encore des étrangers, que le commerce y attirait en grand nombre, et surtout celui du blé qu'on y transportait abondamment des environs. Les étrangers, ayant terminé leurs affaires, fréquentaient son école.

[...]

X. Tant qu'il fut à Néon-Tichos, ses poésies lui fournirent les moyens de subsister. On y montrait encore de mon temps le lieu où il avait coutume de s'asseoir quand il récitait ses vers. Ce lieu, qui était encore en grande vénération, était ombragé par un peuplier qui avait commencé à croître dans le temps de son arrivée.

[...]

XXVI. Il témoigna dans ses poèmes sa reconnaissance à ceux qui l'avaient obligé ; premièrement à Mentor d'Ithaque dans l'Odyssée, parce qu'il avait pris un soin particulier de lui pendant son mal d'yeux. Il inséra son nom dans son poème, le mit au

nombre des compagnons d'Ulysse, et raconta que ce prince, à son départ pour Troie, lui remit le soin de sa maison et de son bien, le regardant comme le plus juste et le plus homme de bien qu'il y eût à Ithaque. Homère en fait souvent une honorable mention dans quelques autres endroits de son poème ; et lorsqu'il introduit Minerve s'entretenant avec quelqu'un, il lui donne la figure de Mentor.
[...]
XXVIII. Il avait fait en beaucoup d'endroits de grands éloges de la ville d'Argos ; mais ayant reconnu qu'il n'avait rien dit de celle d'Athènes, il inséra ses louanges dans la grande Iliade, et parla d'Érechthée dans les termes les plus flatteurs et les plus magnifiques. C'est dans le catalogue des vaisseaux.
[...]
XXXVI. Homère mourut de cette maladie à Ios [...]. Il fut enterré sur les bords de la mer par ses compagnons de voyage et par ceux des habitants d'Ios qui l'avaient fréquenté pendant sa maladie. Longtemps après, et lorsque ses poèmes, devenus publics, furent admirés de tout le monde, les habitants d'Ios inscrivirent sur sa tombe ces vers élégiaques : certainement ils ne sont pas d'Homère :
« La terre recèle ici dans son sein la tête sacrée du divin Homère, dont la poésie a illustré les héros. »